U0092406

高全喜 著

論《清帝遜位詔書》

立憲時刻

目次

前言

我要為它唱一曲輓歌，作為辛亥革命百年的別一種紀念。

——作者題記

　　本文選取百年中國歷史中一頁似乎久已被人遺忘的篇章——《清帝遜位詔書》，試圖從政治憲法學的視角挖掘其中那份富有生命的機理，其實這個政治生命早已化為一百年來中國之命運的內在構成，並為當今的中國政治所分享，只是我們把它遺忘了，甚至不負責任地把它丟棄到歷史的垃圾堆裏去了。殊不知它恰恰是我們彌足珍貴的傳統。在今天這樣一個萬眾紀念辛亥革命百年志的時刻，我為什麼要刻意選取《清帝遜位詔書》這個篇章，作為我的別一種紀念呢？其主要緣由在於我認為，辛亥革命為構建中華民國——中國歷史上的第一個現代國家、亞洲第一個共和國——做出了偉大的貢獻，但是，這個現代意義的中華民國，並不是辛亥革命隻手構建起來的，而是一種源自古今中西交匯的歷史合力共同構建起來的。無論是從現實的社會力量，還是從憲制的構造形式來看，中華民國肇始之際的國家創制，皆表明它是由各種制憲力量氤氳匯合而形成的。所謂現代中國的憲法精神，應該是這種制憲合力的精神體現，而這之中，以《清帝遜位詔書》為代表的中國傳統王制的改良主義這份優良遺產，無疑也一併融入到了現代中國的憲法精神之中。在我看來，作為現代中國——中華民國憲制的一個重要構成，《清帝遜位詔書》不啻為一種「中國版的光榮革命」。

中華民國肇始之憲法創制

　　西方現代國家的構建，都是基於各自的憲法，即便是沒有成文憲法的英國憲制，也依然有其未成文的憲法，尤其是一系列憲法性法律文件，它們擔負著塑造國家政體的構建性功能，屬於「活的憲法」。[1]但是，反觀中國的現代國家之構建，作為第一共和的中華民國，其憲法卻是一直處於風雨飄搖、名實不符的政治吊詭之中。從歷史文本上看，我們有一系列所謂的憲法，或臨時性質、草案性質的憲法性法律，例如，憲法教科書中告訴我們，早在中華民國成立之前，清王朝 1908 年就曾頒佈《欽定憲法大綱》又於 1911 年頒佈《憲法重大信條十九條》，同年武昌起義之後，現代中國開始了立國制憲的艱巨工作。先有 1912 年 3 月 11 日頒佈的《中華民國臨時約法》，其後南北統一，中華民國正式憲法開始醞釀，1913 年國會成立，是年 7 月 12 日成立憲法起草委員會，10 月 31 日擬就《中華民國憲法草案》（即《天壇憲草》），但這個草案旋即夭折。1914年袁世凱解散國會，重新組織一個「約法會議」，制定《中華民國約法》，此後一步步走上帝制復辟之路，袁世凱洪憲帝制破滅後，

---

[1]　關於英國憲制的文獻汗牛充棟，與本文主題有關的基本著述可參閱：麥基文：《憲政古今》，翟小波譯，貴州人民出版社，2004 年版；戴雪：《英憲精義》，雷賓南譯，中國法制出版社，2001 年版；沃爾特‧白哲特：《英國憲制》，李國慶譯，北京大學出版社，2005 年版；詹姆斯‧C‧霍爾特：《大憲章》（第二版），畢竟悅等譯，北京大學出版社，2010 年版；小詹姆斯‧R‧斯托納：《普通法與自由主義理論——柯克、霍布斯及美國憲政主義之諸源頭》，姚中秋譯，北京大學出版社，2005 年版；以及秋風：《立憲的技藝》，北京大學出版社，2005 年版；高全喜：《從非常政治到日常政治——論現時代的政法及其他》，中國法制出版社，2009 年版。

中華民國的憲法創制重新開始，歷經十年，1923 年國會通過《中華民國憲法》（曹錕憲法），但這部憲法實際上已經名存實亡，根本起不到塑造民國政制的構建性作用。

但是，沒有一部完整的名實具備的憲法文本，是否就意味著中國之現代國家就沒有確立起來呢？是否就意味著中華民國沒有自己的根本法呢？對於這個問題，我們不能簡單予以回答。一方面，應該指出，缺乏一部真正體現人民制憲權的現代憲法，這確實是一個遺憾，也正因為此，第一共和國的歷史才充滿了政治暴亂、軍事內戰、軍閥割據和獨裁專制；但是，另一方面，也應該看到，中國數千年歷史上的第一個現代國家畢竟出場，一個現代中國降生了，雖然，這個新生的現代中國，其出生證——中華民國憲法，不是那麼完美，但直到今天，我們仍然還是這個現代共和國的歷史傳人。

因此，對於百年中國的現代政治，我們應該回到歷史的語境中，探索和發現真實的「中國憲法」，為此我曾經提出過一組概念，即「非常政治」與「日常政治」。考察中國現代政治史，不能照搬西方成熟國家的憲政經驗。中國的現代國家構建經歷著一個從非常政治到日常政治的轉型，這一轉型的政治邏輯主導著中國的憲法創制，我們不可能一下子就制定出堪稱完備的憲法文本，也不是一舉就完成了立憲時刻的國家構建，而是處於一個較為漫長的立憲過程，面臨著一次又一次的立憲時刻。*

* 關於立憲時刻中的「非常政治」與「日常政治」問題，我基本認同卡爾·施米特有關這個問題的觀點，即他區分了「憲法」與「憲法律」，並認為憲法的實質並不在於其規範性，而在於其政治性，作為一種根本政治決斷，它僅僅涉及政治統一體的存在類型和形式。憲法律則是一批具體的憲法

法規，其有效性完全依賴於作為根本政治決斷的憲法。相對於憲法來說，憲法律是派生的、次要的，僅僅具有形式上和技術上的有效性。[2]但我在對這個非常政治的本質理解上，與施米特又有兩點重大的不同：第一，我不認為這個非常政治及政治決斷，就一定是一種絕對區分敵友的生死對立的非此即彼性質，「和平」也是一種非常政治之決斷，格勞秀斯的戰爭與和平法權、康德的「永久和平論」皆具有政治憲法學的本質蘊含，而施米特卻把敵友鬥爭絕對化了、終局化了；第二，就非常政治與日常政治之二元區分來看，兩者之間還有一個相互轉化的時刻以及機制，對此，憲法學家阿克曼的二元民主觀以及他對轉化機制的分析更有說服力，尤其對於現代中國之肇始創建來說，我認為從非常政治到日常政治的轉化機制，具有更為重要的理論與實踐意義。[3]

我們不能機械地以所謂憲法規範、憲法格式或憲法名目來考察或解讀中國的百年憲制，解讀中華民國肇始之際的憲法創制，而是要深入到中國制憲時刻的歷史場景之中，從中華人民這一現代共同體的政治命運之視角來發現和解讀中國的憲法。從這個角度來審視中華民國肇始之憲法，我認為有兩種方法論的不同，或呈現出兩種憲法觀。第一種是文本主義的憲法觀，這種觀念以客觀的歷史文本為研究物件，從規範主義的應然態度出發，按照現代的憲法理論或憲制框架，分析或解讀那些冠名為「憲法大綱」、「臨時約法」、「憲

---

2 卡爾・施米特：《憲法學說》，劉鋒譯，第一部分「憲法的概念」，世紀出版集團，2005 年版。

3 參見高全喜：〈論憲法政治〉，載《現代政制五論》，法律出版社，2008 年版；「政治憲政主義與司法憲政主義」，載《從非常政治到日常政治──論現時代的政法及其他》，中國法制出版社，2009 年版；陳端洪：《制憲權與根本法》，中國法制出版社，2010 年版。

法草案」、「民國憲法」之類的憲法文本。[4]還有另外一種方法論，即政治憲法學的歷史主義憲法觀，這種觀念不囿於既有的憲法文本，也不單純從現成的規範主義出發，而是從現代政治的發生學來解讀和審視中華民國之憲法，力求在眾多或明或暗的歷史資料中，挖掘那個活的民國之憲法，洞開現代中國的政治之源。

所以，這種方法論尋求的就不是死的憲法文本，而是民族國家（或國民國家、國族）[5]的憲法精神，它關注的是現代中國的憲制起源。大致包括如下幾個方面：第一，現代國家是如何塑造出來的？第二，現代國民是如何塑造出來的？這兩個問題是根本性的憲法問題，關涉作為現代政治的「中國」[6]這個共和國憲制構造的本性，以及作為「中華人民」[7]這個共同體主體資格的本性，它們是如何在憲法中表述的，以及憲法是如何以此來塑造現代中國的；第三，

---

[4] 有關這個方面的論著或論文，大多採取這樣的文本主義方法論，以現代憲制的既成框架與理路，輔之以歷史學或法制史的史料，研究和解讀民國時期的各種憲法或憲法草案。例如，代表性的有陳茹玄：《中國憲法史》，上海世界書局，1933年版，荊知仁：《中國立憲史》，臺北：聯經出版事業股份有限公司，1984年版，等。

[5] 我認為將nation翻譯為「國族」，nation state翻譯為「國民國家」更為妥當，不過為了便於閱讀，下文我基本上沿用了流行的民族國家這個辭彙，有時則根據不同語境使用國族、國民國家。參見高全喜：「戰爭、革命與憲法」，載《華東政法大學學報》，2011年第1期；西耶斯：《論特權 第三等級是什麼？》，馮棠譯，商務印書館，2004年版，第57頁；陳端洪：《制憲權與根本法》，中國法制出版社，2010年版，第115-118頁；姚中秋：《現代中國的立國之道》（第一卷），法律出版社，2010年版，第3頁。

[6] 「中國」是一種簡稱，其憲法學意義上的稱謂有兩個，即作為第一共和國的「中華民國」和作為第二共和國的「中華人民共和國」。

[7] 「人民」在現代中國的各種憲法（包括臨時約法、憲法草案等）中有不同稱謂，《中華民國臨時約法》有「中華人民」、「人民」、「國民」等，《中華民國憲法》（1946年）中有「中華民國人民」、「人民」、「國民」等；1949年的《共同綱領》有「中國人民」、「人民」、「中華人民共和國國民」等，《中華人民共和國憲法》（《八二憲法》）有「中國人民」、「人民」、「中國各族人民」、「公民」等。

這裏又必然涉及兩個相關性的憲法問題，一個是現代中國與舊傳統帝制的關係，另外一個是現代中國與外部列強（作為帝國主義和殖民主義的西方現代國家）的關係。上述三個方面的問題，是現代中國的憲法所必然面對的根本性問題，是綱領性的憲法問題，在此之下，才有所謂常規性的憲法問題，即貫穿中華民國數部憲法（包括臨時約法、憲法草案等）的所謂總統制與內閣制、中央政府與地方自治、政黨組織與國會選舉等諸多引發爭議的憲法問題。[8]上述這些問題固然是憲法問題，但我認為它們不是建國時刻或制憲時刻的根本性問題，套用卡爾·施米特的一對憲法概念，它們只是屬於「憲法律」性質的問題，不屬於「憲法」問題。[9]

應該指出，「中華民族」[*]從其創生至今依然是一個政治上尚未走向成熟的民族，一個對於其民族精神，尤其是其民族的公共精神，或曰共和立憲精神，嚴重缺乏政治自覺的民族。惟其如此，這個民族才會在一百年來的國家建設中屢屢重蹈覆轍，一步步陷入革命激進主義的泥潭。在當今的語境下，我們要和平地致力於國家建

---

[8] 考諸眾多論述民國憲法的著述，作者大多討論、辨析此類憲法問題，如吳宗慈：《中華民國憲法史》，北京東方印刷局，1923年版；李劍農：《中國近百年政治史》，復旦大學出版社，2002年版；陳茹玄：《中國憲法史》，上海世界書局，1933年版；荊知仁：《中國立憲史》，臺北：聯經出版事業股份有限公司，1984年版；張晉藩總主編、朱勇主編：《中國法制通史第九卷·清末中華民國》，法律出版社，1999年版，等。

[9] 卡爾·施米特在憲法學上的一個主要貢獻，就是明確區分了「絕對的憲法概念」與「相對的憲法概念」，前者他稱之為「憲法」，後者稱之為「憲法律」，雖然，我們可以對他有關「憲法」與「憲法律」的界定有不同的看法，甚至相反的意見，但我認為這種概念區分是重要的，它把非常時期的憲法創制與日常時期的憲法運作以及相關聯的一系列問題揭示出來，有助於我們瞭解制憲的豐富內容。參見：卡爾·施米特：《憲法學說》，劉鋒譯，世紀出版集團，2005年版；高全喜：《現代政制五論》，法律出版社，2008年版；高全喜：《從非常政治到日常政治——論現時代的政法及其他》，中國法制出版社，2009年版；陳端洪：《制憲權與根本法》，中國法制出版社，2010年版。

設，就必須回到現代中國的歷史源頭，去發現第一共和國的「立憲時刻」，發現這個非常時期的真實「憲法」以及憲法精神。

　　*　　雖然「中華民族」這個概念在二十世紀初葉就被當時的思想界人士提出，例如梁啟超在 1902 年的〈中國學術思想之變遷之大勢〉一文中提出「中華民族」一詞，但囿於滿漢畛域，當時立憲派對此並沒有給予過多重視，革命黨人創始之初倡導的是驅除韃虜、恢復中華，他們心中的中華主要指的是漢族。後來革命黨人受到朝野立憲派的影響，修正了狹隘的漢族主義民族觀，提出「五族共和」的建國思想，但《臨時約法》使用的是「中華人民」，1946 年《中華民國憲法》使用的是「中華民國人民」等詞語，「中華民族」並未進入國民黨的憲法。1949 年新中國成立之後，雖然中國共產黨也強調民族團結、民族平等，在各部《中華人民共和國憲法》中使用了「中國各族人民」等詞語，但作為一個政治性的詞語概念，「中華民族」至今仍然沒有進入中國的現行憲法。關於「中華民族」概念，二十世紀八十年代費孝通曾經有一個經典型的概括：「中華民族作為一個自覺的民族實體，是近百年來中國和西方列強對抗中出現的，但作為一個自在的民族實體，則是在幾千年的歷史中形成的。」[10]不過，費氏所論主要是民族學乃至社會學意義上的，作為憲法學意義上的「中華民族」概念尚需給予進一步的考察研究，本文下面有關《清帝遜位詔書》的論述，將涉及這個憲法學意義上的中華民族問題。

---

[10]　費孝通：《中華民族多元一體格局》，中央民族學院出版社，1989 年版，第 1 頁。

　　按照傳統憲法教科書的看法，《中華民國臨時約法》是中華民國立國之憲法，或具有臨時性質的中華民國之憲法，由於《中華民國憲法》因《天壇憲草》之流產和袁世凱洪憲帝制的阻撓並沒有如期制定出來，孫中山二次革命所護之法也是這個《臨時約法》，致使《臨時約法》在中國立憲史中就顯得格外重要。對此本文要提出一些不同意見，我並不認為《臨時約法》是中華民國立國之唯一性的憲法性法律，《臨時約法》只是中華民國「立憲時刻」的一組憲法性法律中的一個文本，並不單獨構成中華民國立國之唯一性臨時憲法，或者更準確一點說，《臨時約法》只是代表了南方（南京）革命政權所訴求的立國之憲法，並不代表全體國民尤其是北方（北京政府所代表的）民眾的共同意志和政治決斷（關於辛亥革命、南北和議、清帝遜位、民國創制的過程及其它們如何構成了政治憲法學意義上的中華民國之「立憲時刻」，在下文第二、三兩節我將展開論述）。深入中華民國肇始之際憲法構造的歷史場景之中，我們就會發現，現代中國的憲法創制，並不是由一個憲法文本——《臨時約法》體現的。我認為中華民國之憲法，或中華民國創制之「立憲時刻」的憲法，乃是由一組憲法性法律所共同構成的，更準確一點說，所謂一組憲法性法律，就是《臨時約法》和《清帝遜位詔書》兩個憲法或憲法性法律文件，它們作為姊妹篇共同構成了中華民國「立憲時刻」之憲法，它們才是作為民國肇始之立國根基的根本法。*

　　*　　從制憲史的角度審視，東西方現代國家的制憲建國並非一種形式，例如，美國是根據成文憲法《美利堅合眾國憲法》立基建國的，但也有基於一組憲法性法律建國的，英國光榮革命之建國，就非一部成文憲法立國，而是由一組憲法性法律組成的未成文憲法賴以立國的，諸如 1688 年的《寬容法》、

1689 年的《權利法案》、1701 年的《王位繼承法》，以及歷史悠久的《大憲章》，它們共同構成了一組奠定英國作為現代國家之基的憲法性法律文件。按照憲法教科書的通論，成文法國家之憲法，具有獨一不二之特性，其立國只能依據一部排他性憲法所構成，舊憲法因新憲法之頒佈實施而喪失效力，從應然角度來說，在一個國家發生時效的只能是一部憲法，至於憲法內容之增刪，也只能通過憲法修正案的方式實施。成文法國家也有所謂憲法性法律，一般指的是除了憲法之外的一些重要的涉及國家制度的法律文件，如組織法、立法法、選舉法等等，這些憲法性法律可以是多個、一組或多組，由於這些法律的管轄範圍不同，其時效可以同時並存，並不衝突。未成文法國家之憲法，或者說，未成文之國家，其國家構建實質上也是需要依據憲法而創制立國的，但這個未成文之憲法，不是以排他性的成文憲法形式出現，而是以憲法性法律文件的形式出現，而且這種憲法性法律可以是多個法律文件，或一組憲法性法律文件，從時效性來看，這些憲法性法律是以逐漸添附的創制方式產生的，新的憲法性法律文件並不全然否定或取締舊憲法性法律的效力，它們可以同時發生憲法性法律效力，例如，英國 1215 年《大憲章》的部分條款至今還有效力。關於這些法律的效力，可以由議會確認和解釋，也可以由法院裁決形成司法案例，甚至可以在政治實踐中成為議會、法院遵循的憲法慣例。[11]

依據上述所論，我在此所主張的中華民國肇始之憲法是由一組憲法性法律所構成，就面臨一個憲法學問題需要解決，即根據辛亥革命前後革命黨人包括孫中山、黃興、宋教

---

[11] 參見戴雪：《英憲精義》，雷賓南譯，中國法制出版社，2009 年版。

仁等領袖的大體一致的意見,新成立之中華民國是效法美國及其他成文法國家,通過制定一部憲法為立國之根基,1912年 3 月 11 日頒佈的《臨時約法》是為了隨後制定正式的《中華民國憲法》而草創,遂有第五十四條:「中華民國之憲法由國會制定,憲法未施行以前本約法之效力與憲法等。」所以,無論是根據革命黨人的制憲理念還是從制憲的歷史事實來看,中華民國之制憲過程,遵循的是成文法國家的憲法創制路徑,從這個意義上說,中華民國建國創制之憲法不可能是由一組憲法性法律文件組合構成,而只能是由一部憲法獨自構成,在此憲法未制定施行之前,由臨時約法擔當臨時憲法之功能。故我的上述主張不成立。如果說《臨時約法》以及《清帝遜位詔書》是一組憲法性法律文件,從成文法國家的法制形式來說,或許也成立,即在正式的憲法——《中華民國憲法》業已施行的同時,在這個憲法之下,《臨時約法》乃至《清帝遜位詔書》暫且可以說是一組憲法性法律,但這組憲法性法律的位階要低於當時的現行憲法,而且它們並不完全,或有遺漏,因為按照這套成文法理據,在《臨時約法》之前的《中華民國臨時政府組織大綱》(1911 年 12 月 3 日由在南京的代表聯合會制定頒佈)、之後的《國會組織法》(1912 年 8 月 10 日由在北京的國會參議院制定頒佈)和《大總統選舉法》(1913 年 10 月 4 日由制憲會議制定頒佈)等一系列法律,都可以納入憲法性法律的範圍。顯然,這個意義上的憲法性法律分類,並不是本文所述觀點的真實而恰切的含義。我所要表述的觀點是,《臨時約法》和《清帝遜位詔書》作為一組或姊妹憲法性法律,它們實質上擔負的乃是像英國那樣的未成文法國家所擁有的憲法性法律之功能,與

《寬容法》、《權利法案》和《王位繼承法》相類似，在它們之上並沒有一個發生效力的現行成文憲法，或者說，它們這組法律就是未成文的憲法。但是，這種情形在中華民國肇始之際卻似乎是不存在的，因為，中華民國制憲者的代表其選擇的憲制形式是制定成文憲法，而且民國初年，有《臨時約法》，有多個版本的《憲法草案》（有待通過），最後還有 1923年《中華民國憲法》，所以，說現代中國之發生──中華民國之「立憲時刻」有一組英國憲制意義上的憲法性法律存在，是說不通的，只可以說有美國、德國、日本等憲制意義上的憲法性法律。

儘管從形式理據上與教科書相抵牾，我為什麼仍然還要做如此之主張呢？在此我願借用馬克斯·韋伯的一組重要的概念：工具理性與價值理性，來展開闡釋我的觀點。也就是說，儘管形式上中華民國的法制體系不存在英國那樣的憲法性法律文件，我們走的是成文法創制路線，但是，從中華民國法制的憲法價值意義上，我們與英國的憲制與法制體系並不矛盾，從本質理據上看，中華民國肇始之憲法創制其目的是通過制憲而構建一個共和國，建國是憲法的實質或目的因。圍繞著這個建國之制憲目的，就出現了一個所謂的「立憲時刻」，這個時刻的憲法其本質價值是卡爾·施米特意義上的「憲法」問題，而非「憲法律」問題。在這個非常的「立憲時刻」，制憲機關（代表人民主權的制憲者，可以是制憲會議，也可以是國會，甚至某些作為主權者的受託人個人組成的小組或委員會）如果按照例行的一部成文憲法制定的形式要求，即正常的制憲程序步驟，不能如期創制出一部憲法時，或者制定的憲法不能有效施行時，那麼這種成文法的制

12

憲模式實質上就失去了存在的理由，即在這個「立憲時刻」儘管它的形式理據存在，但價值理據業已死亡，在這種情況下，成文法的憲法創制徒有虛名，而實際上則是一種價值理性主導的制憲過程在發生作用，在此只能是未成文法的憲法創制過程，也就是說，如果這個國家——如中華民國，在其肇始之際，並沒有立即瓦解或崩潰，而是依然在有效地運行著、存在著，儘管還沒有達到一個憲法完備的根基穩固的良性狀態，這說明這個政治共同體的凝聚力量以及權威甚至正當性（legitimacy）依然有效，那麼支撐著這個政治體的就不可能僅僅是政治強力或暴力，而是一種憲法性的力量，這個憲法性力量又還不是那個成文形式意義上的憲法，它還沒有制定出來，或制定出來了但完全沒有本該具有的權威和效力，因此它只能叫憲法性法律，英國憲制意義上的憲法性法律文件，即在它們之上，本質上沒有位階和效力更高的憲法。在這個意義上，也可以說，在這個特殊的「立憲時刻」，憲法學語境下的「價值理性」壓倒了「工具理性」。我們看到，中華民國肇始之際的「立憲時刻」，就處於這樣一種非常的狀態，形式理據上的那部成文憲法之制定，屢屢受挫，難以創制出來，最後草草頒佈，形式與程序完備，但沒有權威和效力，以致在一年之後就被廢除，中華民國又從《臨時約法》的臨時性憲法開始重新制憲。但在這十數年間，不能說這個中華民國沒有立國之憲法，我認為這個憲法就是一組實質意義上的憲法性法律，即《臨時約法》與《清帝遜位詔書》，它們是英國憲制意義上的憲法性法律文件，而不是成文法憲制意義上憲法性法律文件，其他的一系列法律文件，如前述的《中華民國臨時政府組織大綱》、《國會組織法》等

依據成文法的分類體例，雖也可以說是憲法性法律，但在這個中華民國之「立憲時刻」，它們的憲法性價值意義或法律地位與位階效力顯然與《臨時約法》和《清帝遜位詔書》並不是並列、等同和一致的，而是有著實質性的差別，因為，我所主張的將後兩個文件視為憲法性法律是英國憲制意義上的，甚至認為只有它們這一組姊妹篇才是在中華民國肇始之際能夠擔負立國之根基的憲法性法律，其他一系列法律文件則不具備如此重大甚至絕對的「憲法」價值，而只具有「憲法律」意義上的憲法性法律的作用。

此外，本文還使用了另外一組概念：非常政治與日常政治[12]，我認為這組概念對於闡釋我的上述觀點也有助益。任何一個現代國家的建國時期都有一個非常政治狀態，都有一個「立憲時刻」，這個時刻的政治問題關涉人民的政治價值決斷，無論是成文法國家還是未成文法國家，都面臨著同一個問題。因此，在非常政治狀態下，即立憲時刻的人民決斷以及政治構建，是超越於成文與未成文之憲法形式區別的，也就是說，在關涉一個國家立國之根基的根本性憲法問題上，無所謂成文與未成文之分野。只有在日常政治狀態下，在立憲時刻的根本政治決斷問題解決後，才有形式上的成文憲法與未成文憲法之區別，所以，憲法學教科書討論的這個憲法形式之區分，屬於一種因果倒置的方法論，即由結果推導原因，以結果定義原因的形式主義，殊不知這種類型區分並不能解釋制憲建國的憲法動力因，也不能解釋憲法之價值理據的目的因，就像面對一座爆發了的火山之岩漿，或面對

---

[12] 參見高全喜：《從非常政治到日常政治——論現時代的政法及其他》，中國法制出版社，2009年版。

一座建築好的樓房，分析岩漿的物質構成或樓房的居室格局，是無法解釋它們如何爆發、如何建造之發生學和動力學的。當然，在此並沒有否定它們的意思，而只是指出，這種面對結果的形式分析，其理論解釋的半徑是什麼，在它們之外，還有一個所以然的動力學、發生學和價值（目的）論問題。本文所處理的中華民國肇始之制憲建國問題，就屬於非常政治狀態下的憲制發生學問題，在這個問題閾內，用成文與未成文憲法的有關憲法與憲法性法律之分類的標準來加以形式規範，是沒有多少實質意義的，因此上述所謂說不通的憲法學問題，固然從形式分類或結果倒推來看是存在的，但並不影響我所要表述的本質性問題，並不表明我試圖揭示的中華民國之立憲時刻的憲法問題是不存在的。

從上述兩種政治狀態的分野這個意義上說，中華民國之賴以立國的憲法是一組憲法性法律，這個論斷就中華民國肇始的非常政治狀態來看，應該是成立的，其理據是超越形式理性的價值理性使然。不過，在此我要補充一點的是，我的上述論斷也是有邊界的，即它只是針對中華民國之立憲時刻這個非常政治狀態來說的，一旦國家走出非常政治而進入日常政治狀態，它就無效了，此時憲法教科書中的理論就是有效的了，成文法國家就只能有一部實施的排他性的憲法，至於一些憲法性法律則屬於位階低於這部憲法的一些重要的憲法性法律，並以這部生效的根本法為依據，憲法是一個國家的根本法、最高法。未成文法國家，則不需要一部成文憲法，而是由一組憲法性法律擔負著國家之根基的憲法功能，其效力根據國會、法院以及憲法慣例等方式來加以裁決。美國就屬於前者，美利堅合眾國之制憲建國以美國憲法之生效

15

為分界線，完成了從非常政治向日常政治的轉變，在其之前，可以說它們也有一個由一組憲法性法律，如《獨立宣言》和《邦聯條例》等（我認為它們在美國人民制憲建國的立憲時刻，即美國憲法生效之前，具有憲法性法律文件的價值意義）所構成的國家創制時期，美國人民幸運的是他們較為圓滿地渡過了這個非常時期，迎來了一個穩定、繁榮的日常政治的成文法國家憲制時期。至於英國則是經歷了光榮革命之後，就如美國一樣走過了非常政治狀態，進入日常政治時期，其憲法性法律從保障這個國家的長治久安的國之根基方面來說，與美國的成文憲法異曲同工，不分軒輊，如此精良優異，這也實乃是一種英國人民的幸運。

不幸的是我們的中華民國，卻沒有像英美國家那樣如此幸運地完成這樣一個從非常政治到日常政治的轉化，其立憲時刻是如此艱難曲折，終沒能達成形式上的以一部憲法治天下的長治久安狀態，致使這個立憲共和國總是處於形式理據與實質理據合節不符的吊詭狀況，究其原因乃在於我們一直處於從非常政治到日常政治的轉化之過程中，尚未達到名實相副的匹配狀態，故而我的這個一組憲法性法律是這個立憲時刻的立國之根基的論斷表面看上去說不通，也就可以理解了。這裏順便提一下，在我看來，卡爾·施米特政治憲法學的一個價值理性的錯謬，在於他的理論並沒有關注從非常政治狀態到日常政治狀態的轉化這個核心問題，而是過於強調非常政治以及總體性政治決斷，把這個狀態下的敵友對立絕對化、極端化了，由此就貶低了日常政治狀態的憲制價值和意義，最終只能導致政治虛無主義。其實，對於一個國家的制憲建國之立憲時刻來說，其最終目的不是把非常政治推向

絕對的敵友對立，而是導向和平，導向日常政治，導向憲制下（無論是採取成文憲法還是未成文憲法之形式）的長治久安，這個從非常政治向日常政治的轉化以及最終的憲法下的永久和平，才是一個國家的根本性的立國之根基。[13]英美憲制遵循的就是這樣一個憲法邏輯，中華民國所訴求的也應該是這樣一個憲法邏輯，只不過我們的道路相比之下要更為曲折和悲愴。

當然，在此需要特別指出的是，這一組憲法性法律作為中華民國的立國之根本法，並不是完備的和富有成效的，且不說它們各自是否具備了自覺性的憲法構建意義，而且它們之間也缺乏密切的有機聯繫，難以構成一個自覺的主體性憲法的「整體結構」。[14]惟其如此，才導致了這一組憲法性法律最終沒有能夠催生出一部預期中的中華民國憲法，致使民國時期的國家構建以及憲制創設覆滅於中途。此後不久在中華大地就出現了一場現代中國歷史上著名的「國民革命」，即以軍事暴動、武裝割據為標誌的黨制國家的革命運動。這場由孫中山領導（通過改組國民黨實行「聯俄聯共扶助農工」三大政策）發動的並由中國共產黨接續的中國現代史中至為轟動激烈

---

[13] 參見高全喜：「中國語境下的施米特問題」，載香港《21 世紀》雜誌 2006 年 6 月號。

[14] 施米特在論述「作為統一整體的憲法」時指出，憲法等於政治統一體的動態生成原則，他援引德國思想家施泰因（Lorenz Von Stein）的觀點：「國家憲法是這樣一種法規：它導致了個體意志與國家的總體意志的協調一致，將眾多個體聯合成國家機體的有生命的部件。」參見卡爾・施米特：《憲法學說》，劉鋒譯，世紀出版集團，2005 年版，第 8 頁。不過，我在此需要補充指出的是，這個有生命的整體憲法，其目的指向不是敵友對立，而是和平，是向「憲法律」的和平而有效的過渡，是達到一個日常的憲制狀態；憲法整體的權力伸張與自我設限，即限制權力恣意，這才是一個國家的最根本性的憲法問題，不是憲法律問題，否則就可能最終走向絕對憲法的自我毀滅。

的政治、軍事、社會與文化的「國民革命」或「大革命」，*致使中國的現代歷史進入了新的一頁，中國的憲法創制也進入了新一輪的「非常時刻」。本來，辛亥革命所揭櫫的革命建國，只是中華民國作為現代共和國構建的一個偉大的動力因，並不是其憲法精神或共和國之根本精神的全部內容和精髓，但是，十二年之久的民國制憲時期，中華民國之制憲建國卻飽受挫折，不僅沒有真正創制出一部足以安頓「革命」進而終結革命的憲法，**而且屢屢倒退，一步步把民國肇始之際那組包含著憲法精義的憲法性法律以及共和精神都丟棄了，1923 年國會最後通過的《中華民國憲法》雖然形式上是一部程序合法的憲法文本，但其實質卻是一具空文，沒有發育和轉換出一個強有力的富有生命的中華民國之憲法，從而用以塑造出一個永續的自由、民主與共和的現代中國。

> *　關於 1920 年代的國民革命問題，在中國現代史中有兩種不同的甚至相互對峙的敘事，而且它們又都具有很強的意識形態特徵，一種是國民黨主導的歷史敘事，一種是共產黨主導的歷史敘事。因此，「國民革命」這一概念，就不僅僅是指一個客觀的歷史時期和歷史事件，而且關涉其時間起止、性質定位、誰是主角誰是配角等一系列問題，本身就是一個政治話語爭奪的場域。國民黨主導的現代史觀認為，國民革命起於 1924 年，是年孫中山領導國民黨進行改組，實行「聯俄聯共扶助農工」三大政策，國共合作，遂開始北伐戰爭，節節勝利，打倒了北洋軍閥，1927 蔣介石和汪精衛又分別進行了「清黨」和「分共」，掃除共產黨「赤匪」，直到 1928 年 12 月張學良宣佈「東北易幟」，奉吉黑三省改五色旗為青天白日滿地紅旗，這標誌著 1917 年張勳復辟以來中國南北分裂的局面得到了形式上的解決，至此國民黨領導

的國民革命宣告結束，實現了這場國民革命所宣稱的國家與民族的統一。對於上述國民黨意識形態話語籠罩的國民革命敘事，共產黨並不認同。共產黨主導的現代史觀認為，這場國民革命實質上是一場中國人民廣泛參與的由共產黨領導的「大革命」，它起於1924年國民黨改組（孫中山實行「聯俄聯共扶助農工」三大政策），甚至還可以上溯到1922年中共二大提出「國民革命」的任務，此後共產黨員以個人身份參加國民黨並積極改造國民黨，實行北伐，打敗北洋軍閥，然而1927年蔣介石和汪精衛分別叛變革命，清除共產黨，悍然背叛孫中山的遺志，1927年12月廣州武裝起義被鎮壓，至此這場共產黨領導的轟轟烈烈的大革命歸於失敗。如何為1920年代的這場革命「命名」，在中共黨史和中國革命史的歷史編撰中有一個變化的過程，在1927年之前的共產黨和毛澤東等領導人那裏曾經都沿用「國民革命」一詞，此後共產黨開始使用「大革命」、「中國大革命」、「第一次大革命」等稱呼，這些命名表明從1927年下半年開始，中國共產黨拋開國民黨的「旗幟」，另起爐灶，開始再造一個與國民黨不同的革命敘事。依照這種敘事，共產黨將自己的革命合法性堅實地繫根於二十年代的革命，更進而可以上溯到1911年中國和亞洲最早的現代意義上的革命——辛亥革命，如果「國民革命」是繼承孫中山的遺志，那麼是中國共產黨而不是中國國民黨，完成了辛亥革命沒有完成的任務，也即「國民革命」的任務。[15]現行《中華人民共和國憲法》

---

15 參見尹鈦：「『帝國主義』在中國的建構——以20世紀20年代的國民革命為例」，載《國際關係學院學報》2007年第3期；王奇生：《革命與反革命》，社會科學文獻出版社，2010年版；金沖及：《二十世紀中國史綱》，社會科學文獻出版社，2009年版。

「序言」這樣寫道:「一九一一年孫中山先生領導的辛亥革命,廢除了封建帝制,創立了中華民國。但是,中國人民反對帝國主義和封建主義的歷史任務還沒有完成。一九四九年,以毛澤東主席為領袖的中國共產黨領導中國各族人民,在經歷了長期的艱難曲折的武裝鬥爭和其他形式的鬥爭以後,終於推翻了帝國主義、封建主義和官僚資本主義的統治,取得了新民主主義革命的偉大勝利,建立了中華人民共和國。從此,中國人民掌握了國家的權力,成為國家的主人。」

** 關於現代國家肇始之際制憲建國的「革命的反革命」之憲法精神,我曾經多有論述。任何一個歷史上的政治社會,都發生過這樣那樣的人民的反抗、暴動或起義,英國、法國、俄國等現代國家皆如此,並不稀奇。問題在於革命作為一種政治性的暴力行為,一旦發生,就很難遏制,因此,如何安頓革命就成為革命後的首要問題,或者說,如何通過革命而構建政治秩序,這本身就決定了革命的性質。英國革命與法國革命顯然不同,前者通過一場光榮復辟,剔除了沉屙,重塑了這個國家的政治秩序,是英國版的「托古改制」(很契合「革命」一詞的古典含義),後者則是陷入革命的永不停息的陣痛之中不能自拔,它屬於現代性的革命新意,付諸歷史命運的必然性,以人民主權的名義置一部又一部憲法於水火。美國革命與上述兩種革命均有不同,它沒有古制可托,而是白紙建國,這一點似乎與法國革命所訴求的「嶄新性」有關,不過從精神實質上說,美國革命更貼近英國,繼承了英國保守主義的政治傳統,其合眾國憲法蘊含著「去革命」或「反革命」(counter-revolution)的性質。因此,美國憲法就具有雙重的特性。首先,美國憲法的第一重性質是革命,

沒有革命就沒有美國人民的制憲，革命是美國憲法的動力因，革命進程中的所有內容，都是憲法的質料因，它們構成了美國革命的絢爛恢弘。[16]但是，革命本身不是目的，革命的目的是獨立建國，憲法是革命的形式因，革命終止於憲法，憲法的制定實施，意味著革命的完成。因此，美國憲法的另外一重特性就是反革命或去革命，通過美國的制憲會議以及各州人民批准，美國憲法安頓了革命的訴求，構建了「我們人民」和「美利堅合眾國」，從此，一個地上的神──利維坦──國家塑造出來，憲政出場，革命謝幕。「革命的反革命」（counter-revolution of revolution），從《獨立宣言》到《聯邦憲法》，美國人民通過革命的方式而達成反革命的目的，這是美國憲法的精髓，也是美國政治的秘密。

現代革命總是伴隨著戰爭和暴力，問題在於革命建國之後，怎麼辦？我們看到，對於現代政治來說，總是擺脫不了一個「革命之後」的夢魘問題。對此，法國大革命、俄國革命以及中國革命，就沒有很好地解決這個「革命之後」問題。英國革命和美國革命，卻通過它們的憲制克服了現代政治的暴虐和血腥，實現了和平建國的目的，這裏實際上隱含著一個關於革命暴力的「漂白」機制。應該指出，革命本身不是自由，革命是一種動力和力量的源泉，具有摧毀的性質，而憲法則是革命之軛，是一種政治規範，用憲法之軛約束革命的暴力，從這個意義上，一切真正的憲法都是「反革命的」。但關鍵是這個反革命是否來自革命自身，在此我要強調的是「革命的反革命」，其核心點在於美國革命的這個以自由貫穿的革命建國的反革命證成。那些外在於革命的反革命，如

16　參見 Paul Kahn, *Putting Liberalism in its Place*, Princeton University Press, 2005.

法國大革命時期「神聖同盟」的保守主義，美國獨立戰爭時期的保皇黨分子，就不屬於這個「革命的反革命」譜系，而英國光榮革命時期的托利黨人，美國的反聯邦主義，則屬於這個譜系，我下文的分析將指出，晚清以降的君主立憲的政治改良主義，尤其是《清帝遜位詔書》所呈現的中國版的「光榮革命」，也屬於這個「革命的反革命」之憲法精神的譜系，相對於英美憲法的自由精神，——以自由立國，中華民國的憲法精神更注重和平，——以平和立國。[17]

在此我無意對中華民國的憲法史做一歷史性的總體考察，也無意對其中的這組憲法性法律文本做系統性的「憲法」與「憲法律」等多個層次的憲法學辨析，進而對其內在的結構以及民國憲法精神的生與死的演變，做一番總體性的解讀。本文的主要目的是試圖從政治憲法學的視角對《清帝遜位詔書》做一個考辨，將其視為中華民國立憲建國的一個具有憲法性法律價值的文件，探討其在中國第一個現代共和國肇始之際的「立憲時刻」，所具有的積極的憲法性價值。我認為《清帝遜位詔書》不啻為「中國版的光榮革命」，它與《臨時約法》共同構成了一組中華民國之制憲建國時期的憲法性法律，而且伴隨著百年中國的歷史演變，時至今日，《清帝遜位詔書》所遺留給我們的有關現代國家構建的歷史遺產，不但是豐富的、寶貴的，甚至是意義深遠的，有待我們進一步去發現、開發和傳揚。

---

[17] 關於政治憲法學意義上的「革命建國」和「革命的反革命」，我在近期的多篇論文中多有論述，參見高全喜：「憲法與革命及中國憲制問題」，載《北大法律評論》第 11 卷第 2 輯，北京大學出版社，2010 年版；「美國現代政治的『秘密』——從政治思想史的視角審視」，載《戰略與管理》2010 年第 5、6 期合編本；「戰爭、革命與憲法」，載《華東政法大學學報》2011 年第 1 期。

《清帝遜位詔書》的憲制背景

　　關於現代中國的歷史敘事，最早可以追溯到 1840 年鴉片戰爭，不過從憲制背景來看，這個老大的王朝帝制中國，其發生體制上的古今之變則要從甲午戰爭失敗說起。甲午之戰敗給「蕞爾小邦」日本，從深處撼動了滿漢統治者精英階層，尤其是日俄之戰的日本獲勝，更是鼓舞了朝野在體制上尋求改革的信心。由此開始，晚清的政治變革，從初始的籌海固邊、海國圖志、洋務運動，轉向制度變革，變法圖強。*由此，才有康梁倡導的戊戌變法。此時所謂的變法，實質上就是變革傳統王朝政治的祖宗之法，所變何由，乃是借鑒西方現代國家的憲法或塑造憲制國家的根本法。對此，康梁上書道：「伏乞上師堯舜三代，外採東西強國，立行憲法，大開國會，以庶政與國民共之，行三權鼎力之制，則中國之治強，可計日待也。」[1]從這個意義上說，康梁變法已經具有了構建現代中國的創制之憲法意義。

　　*　　荊知仁曾經具體勾勒過中國近現代變法改制的歷程：「其應變歷程的遞嬗，約可分為五期：道咸之際，海防為一時期；同治時代，自強為一時期；光緒前期，時務為一時期；甲午之後，變法為一時期；日俄之戰，立憲為一時期。凡此五時期，雖其致力之重點各有不同，但其要求維新之本質無別。」「又可分為兩個階段，自戊戌至日俄戰爭為變法階段，日俄戰爭以後為立憲階段。」[2]

---

[1]　麥仲華編：《南海先生戊戌奏稿》，宣統三年刊本，第 32-34 頁。
[2]　荊知仁：《中國立憲史》，臺北：聯經出版事業股份有限公司，1984 年版，

　　當然，戊戌變法時間非常短暫，倏忽就失敗了。本文在此並無意探討這次變法的成敗得失，而是想指出，追溯起來現代中國的立憲史可以說是源自接續康梁變法。這次變法不同於傳統王朝歷史中的諸多變法，如商鞅變法、王莽變法、王安石變法、張居正變法，康梁變法之所以與它們不同，因為它不是扭轉王朝新舊循環更替的一種古典變法，從根本上屬於現代中國憲法構建的一部分，這次變法所孕育的乃是一個現代意義上的新中國。由是觀之，現代中國的憲法創制在其發軔，就具有如下幾個方面的意義：第一，外部力量持續強有力的衝擊，這個外部力量不同於傳統王制所遭受的遊牧民族，而是裹挾著物質力量、文化力量乃至制度文明的現代西方的民族國家，甚至包括日本——這個曾經廣披華夏文明然一旦明治維新即脫亞入歐的現代國家，上述列強對中國進行的帝國主義和殖民主義之侵略和壓迫，構成了促使現代中國變法圖強的直接外部動力因。第二，在日益嚴峻的外部列強的衝擊之下，清廷內部的改革力量面對著龐大的舊體制，在甲午戰爭尤其是戊戌變法之後，產生了明確的分化，原先朝野共同訴求體制內變法圖強的主導性改良主義力量，逐漸分化為「革命黨」與「立憲派」兩種截然不同的「建國路線」。*

　　*　　「中國自甲午戰後，內憂外患，煎迫愈急，豆剖瓜分，
　　危亡無日。全國有志之士，紛紛從各種的角度去探討面臨的
　　危機，從不同的方面去為國家尋找生存的途徑，於是形成兩
　　種救亡運動，一是以士大夫階級為中心，一是以全體國民相
　　號召。前者請求清室變法維新，希望將英、日式的君憲制度
　　移植於中國；後者主張革命，決心將數千年的專制政體從根

第38-39頁。

斬去,實現真正的民主政治。」[3]當時的革命黨人汪東在 1907
年寫道:「中國今日,則可強分為革命黨、立憲黨,兩者對
峙。革命黨中,宗旨既無所歧異;立憲黨又自稱但以救國為
歸,苟革命勢力滔滔進行,決不忍妄加抵禦。吾亦甚望之能
自踐其言也。……中國若革命必行蜂起之策,一省倡義,各
方回應,雲集景附,……吾謂去舊政府,若摧枯拉朽。」[4]在
此需要指出的是,「革命黨」與「立憲派」之分野,並不是
因戊戌變法失敗而形成,而是在戊戌變法失敗之後,逐漸顯
現出路線的不同,在此之前,他們都是面對民族危機關頭的
改良派,他們相互之間的分野,乃至對峙,是在戊戌變法失
敗到辛亥革命之間的十幾年間逐漸陣線分明的。從現實政治
的情況來看,革命黨也有一個從分散到凝聚的過程,早在甲
午戰爭前後,孫中山 1894 年便設興中會即以反滿為目的,
黃興幾乎同時設華興會,其後 1905 年東京同盟會是各種「反
滿」力量的大同盟,「驅除韃虜恢復中華」這一種族革命目
的是他們唯一的共識。至於所謂立憲派,更是一個泛稱,其
中大致包括如下幾種政治勢力:一是維新派,以康梁為首,
戊戌失敗後流亡海外,他們主張在承認滿清皇權的基礎上立
憲,清亡以前主要在海外活動,梁啟超是立憲派的理論家;
二是狹義的「立憲派」,這派是 1901 年開始的清末新政中新
出現的政治力量,在朝在野均有,既有漢人也有滿人,這些
人的主要政治舞臺是資政院和諮議局以及輿論界,以張謇、
湯壽潛為代表;三是清政府中的漢族實力派官僚群體,以袁

---

[3] 亓冰峰:《清末革命與君憲的論爭》,(臺北)中央研究院近代史研究所專刊
(19),序。

[4] 參見張枏、王忍之編:《辛亥革命前十年間時論選集》,第二卷,下冊,北
京:三聯書店,1960 年版,第 644-645 頁。

世凱為首，後來袁世凱擴展出了一個北洋軍政勢力；第四還有一個滿清皇室中主張改良的勢力，以辛亥革命前後時期的攝政王載灃、端方為代表。只是在辛亥革命前後幾年間，立憲改制才成為他們共同的訴求。不過，如果從另一個層面來看，所謂「革命派」與「立憲派」的區分也是相對的，因為革命派也是要搞「立憲」的，辛亥革命後旋即制定的《臨時約法》就是例證，但他們與「立憲派」的根本區別，在於要不要承認滿清王權，是君主立憲還是人民（民主）共和。「立憲派」雖然都講立憲，但他們對於何為立憲政治卻有著迥然不同的主張：滿清朝廷所搞的（具有一定程度的制度改良意義）君主立憲，先是沒有多少憲制實質的假立憲，後來則被迫頒佈《憲法重大信條十九條》（簡稱《十九信條》），其制定的君主立憲制固然很好，但為時已晚，維新派和實力派官僚所主張的君主立憲，總的來說具有嚴重的折中調和的實用色彩，相比之下，以士紳為主體的狹義「立憲派」所鼓吹的立憲制（開始贊同君主立憲繼而隨著形勢的變化改為贊同共和立憲），則體現著改良主義與平和主義的立憲建國精神，可惜的是他們的現實力量又實在不足以支撐其建設性的立憲理念之實踐。[5]

我們看到，在武昌起義之前，日漸衰頹的晚清王朝這個龐大的承載著三千年舊制度的破船，儘管各種各樣的自上而下的守舊勢力依然相當頑固顢頇，甚至很有力量，但卻面臨著上述三種導致巨大變革的力量（西方列強、革命黨和立憲派）的拉扯、衝擊，這三種

---

[5]　參見張朋園：《立憲派與辛亥革命》，吉林出版集團有限責任公司，2007年版；張玉法：《清季的立憲團體》，（臺北）中央研究院近代史研究所專刊（28），1971年版。

力量之間，乃至三種力量與舊勢力之間的關係，此消彼長，互相扯動，圍繞著制度變革或變法立憲、國家構建展開，所不同的是手段與方式、目標與圖景的本質性差異，它們構成了《清帝遜位詔書》的憲制背景，為中華民國肇始之際的「立憲時刻」提供了歷史的機緣。以武昌起義為標誌的辛亥革命之成功，啟動了這個現代中國之國家構建的「立憲時刻」，由此上述三種力量，尤其是後兩種中國自己的主體性變革力量，登上了第一共和國──中華民國憲法創制的歷史舞臺，有關革命立憲、五族共和、制憲權、開議會、省憲自治、聯邦制、中華人民、現代國家、總統制與內閣制、國民權利，等等，這些傳統王制聞所未聞的新思想、新觀念和新制度紛紛湧現出來，成為中國歷史上這個非常時期的主要議題。

歷史有時候是盲目的，常常把自己的真面目隱藏在紛紛攘攘的假像背後，關於辛亥革命所開創的中華民國，其情形也是如此。傳統的憲法學大多迷失在這個假像之中，它們對於現代中國的憲法創制以及培育這個民國紀元的「立憲時刻」，僅僅從革命建國的一個片面的維度來解讀，而忽視了另外一種「反革命」的變革力量，忽視了體現著這種抵禦激進主義革命潮流的「制憲力量」在構建現代中國中的積極性建設意義，由此，它們對於民國憲法的理解就是限於文本主義，其突出的表現就是嚴重忽視了《清帝遜位詔書》所具有的憲法性意義。實際上，這份《遜位詔書》本質上迥然不同於傳統王朝變更中的諸多退位詔書，它是一份蘊含著現代中國憲法之精義的遜位詔書，其賡續晚清王朝中綿延不絕的改良主義革新力量，促成了中國政治的古今之變，為塑造新的共和立憲之國體──中華民國，培育新的國民──中華人民，做出了巨大的憲法性貢獻，從而抵禦了因武裝革命而可能導致的傳統帝制國家的分崩離析和徹底崩潰。

《臨時約法》的憲法短板

考察《清帝遜位詔書》的憲法學意義，或者說本文之所以把這份遜位詔書視為一份中華民國肇始之際的憲法性法律文件，其首先要面對的便是辛亥革命，尤其是武昌起義導致的政治變革以及旋即制定的《臨時約法》。[*]

　[*]　說《臨時約法》是現代中國的第一部憲法性法律，在此「現代」有兩層含義：第一，「modern」在西方語境中指的是 1500 年以來的歷史，其一個重要的標誌是現代主權國家的誕生和封建制的解體，對應於中國來說，這個中國的現代史應該從辛亥革命之後成立的第一個現代國家——中華民國算起，在此之前屬於王朝制度或皇權專制主義社會。不過，由於這個傳統的王朝政治體系在 1840 年鴉片戰爭之後遭遇到西方列強的猛烈衝擊，由此開啟了現代中國之路，所以傳統史學界就把 1840 年以來的歷史稱之為中國近現代史。第二，大陸史學界主流的歷史觀一直是馬克思的唯物史觀，認為中國歷史勢必遵循著所謂五階段論的劃分原則，並以階級鬥爭為主導，依照這個理論，以中華民國為標誌的現代中國屬於早期資本主義的資產階級共和國，此前的滿清帝國則是封建主義的君主專制國，而 1949 年成立的新中國則屬於無產階級專政的社會主義人民共和國。這個傳統觀點目前受到一些挑戰，例如，中國的傳統皇權主義究竟是否屬於封建主義社會的譜系，中華民國究竟是否開闢了一個中國現代資本主義的共和國，無產階級專政的新中國究竟是何種社會主義國家，等等。不過，如果按照上述歷史教科書的觀點，大體

可以這樣說，晚清末年 1908 年頒佈的《欽定憲法大綱》是中國歷史上第一部憲法性文件，1912 年南京臨時政府頒佈的《中華民國臨時約法》是中國第一部具有現代意義的憲法性文件，或者說是第一部具有資產階級革命性質的憲法。

本文基本同意把《臨時約法》視為現代中國的第一部憲法性文件，但並不認為這部憲法文件所構建的是一個資產階級的共和國，而且其未來命運是註定要失敗的，實際上那種機械運用五階段論的階級鬥爭史觀在今天的中國學界已經沒有多少市場，滿清帝制是否需要冠之為封建社會目前已無多大意義。既然如此，把《欽定憲法大綱》以及晚清以來一系列改良主義的憲制改革，排除在現代中國的制度構建的憲法邏輯之外，就是片面的和短視的。本文的基本主旨就是試圖把以《臨時約法》為代表所凝聚並塑造起來的革命主義（激進主義）的制憲建國路線，與以《清帝遜位詔書》為代表（並不是以《欽定憲法大綱》為代表，但包含著這部大綱以及諸多晚清立憲的憲法性法律文件，如《變法上諭》、《十九信條》等）而「光榮遜位」與「立憲共和國」的改良主義（保守主義）制憲建國路線，結合在一起，從中挖掘出一個富有生機的現代中國的憲法精神和基本原則，以此來安頓百年政治中國的顛簸困頓、魂體兩分之窘況。

關於《臨時約法》雖然海峽兩岸研究眾多，但卻鮮有將其置於第一共和國的「立憲時刻」，並從現代中國之為民族國家（國民國家）的肇始與構建的制憲權視角，探討與這個國家構建時刻相匹配的一系列憲法學問題，眾多論述糾纏於所謂總統制與內閣制之辨析，或制憲議會的黨派歧見，南北勢力的軍事評估、人事變更，以及革命黨人（孫中山為代表）的革命主義和北洋軍閥（袁世凱為代

表）的投機弄權，其所調用的學術資源不過是枚舉、羅列或選擇西方列國既成憲法文本制度的一些個別條款，或在它們那裏行之有效的分支制度。當然，這些年來有關辛亥革命的史實考辨以及歷史梳理有了很大的進展，國共兩黨有關這場革命的意識形態魔咒被逐漸祛除，客觀的歷史真相日漸呈現出來，諸多當事者記憶中的錯訛以及形形色色編織出來的謊言被戳穿，這些均是歷史學的貢獻。但是，歷史學畢竟不能代替憲法學，關於辛亥革命的功過是非顯然不是還原歷史真相所能解決的，憲法學畢竟是一種獨立自主的學科，其要解決的問題乃是有關國家構建的憲政治度以及正當性問題，歷史學、社會學等其他學科的資源引入在此需要進行憲法學的問題意識轉換。這場革命的憲制意義，其所開闢的古今之變中的現代中國之構建，其深層的精義或憲制中國的命運，還有待政治憲法學來回答。

1. 革命建國問題

中華民國肇始於辛亥革命，或者更具體一點說發端於武昌起義，但是，對於這樣一個關係著建國方式的根本性問題，《臨時約法》以及前此的《臨時政府組織大綱》並沒有給予任何正面的文字說明，因此，就這個憲法文本來說，其革命建國的方式並沒有得到強有力的憲法性證成。自 1895 年孫中山首次組建革命黨（興中會），提出「驅除韃虜，恢復中華，創立合眾政府」的革命口號，此後海內外各種會黨蜂擁效法，通過武裝暴力、起義造反以推翻滿清王朝的專制統治，就成為晚清之際革命建國的主要方式和手段。據不完全統計，至武昌起義為止，孫中山領導的革命黨就舉行了十數次武裝起義，著名的有廣州起義、惠州起義、黃岡起義、安慶起義、黃花崗起義等。十多年來革命黨人前仆後繼，直至武昌起義之

成功才推翻了統治中國二百餘年的滿清帝制,開始建立一個現代的共和國——中華民國。*所以,辛亥革命對於中華民國來說,是一樁改天換地的政治事件,從憲法學的意義上說,這就是革命建國,辛亥革命是中華民國的「立憲時刻」。

>   *   依照歷史學通論,「辛亥革命」是指以 1911 年武昌起義為開端並引發推翻滿清王朝的全國革命運動,在我看來,這只是狹義的辛亥革命,如果從廣義來說,那些以武裝起義為手段的推翻滿清王朝的革命建國運動,都應該包括在辛亥革命的範圍,或者說,這些武裝暴動和起義是辛亥革命的前奏。孫中山曾經從革命史的角度有過如此總結:「余自乙酉中法戰後,始有志於革命,乙未遂舉事於廣州,辛亥而民國肯成;然至於今日,革命之役猶未竣也。余之從事革命,蓋已三十有七年於茲,賅括本末,臚列事實,自有待於革命史,今挈綱要述之如左……」[6]

孫中山指出:「革命之名字,創於孔子。中國歷史,湯武之後,革命之事實,已數見不鮮矣。」據馮自由《革命逸史》講,1895年孫中山來到神戶,見到當地的報紙,上面說「支那革命黨首領孫逸仙抵日」,對陳少白說,這個意思很好,以後我們就叫革命黨罷。根據陳少白的理解,孫中山的「革命」思想,此時已接受了西方「共和革命」的理念,復加以排滿的「種族革命」內容,故不但與保皇黨勢難兩立,且與改良派也互相水火。[7]革命黨人為中國古制中的

---

6   孫文:《中國革命史》,見《孫中山全集》第七卷,中華書局,1985 年版,第 59 頁;另參見金沖及:《辛亥革命史稿》,上海人民出版社,1991 年版;唐德剛:《晚清七十年》,嶽麓書社,1999 年版。

7   參見馮自由:《革命逸史》,新星出版社,2009 年版;陳少白:《興中會革命史要》,中國史學會主編:《中國近代史資料叢刊·辛亥革命》,上海人民出版社,1981 年版;史扶林:《孫中山與中國革命的起源》,中國社會科學

「革命」正名，在當時顯然是為自己的「革命行動」爭取合法性。但稍後不久，很多士紳學人就指出中國歷史上只有造反和變亂，鮮見革命，革命黨人孫中山等所竭力主張的「革命」，已非古典意義上的「革命」，所以章太炎說：「吾所謂革命，非『革命』也。」面對革命黨人革命話語的甚囂塵上，主張君主立憲制的康有為在1902年寫了一篇〈答南北美洲諸華僑論中國只可行立憲不可行革命書〉，第二年，章太炎回敬以〈駁康有為論革命書〉，康、章有關革命之爭在當時是影響深遠的一場論爭，集中顯示出改良主義與革命主義這兩條不同的政治建國路線。前有梁啟超「詩界革命」開啟風氣，後有孫中山把革命與武裝暴動相結合，再加上這場理論上的論戰，在那個外敵環伺、風雨如晦的歷史時期，「革命」一詞蔚然成風。革命義士鄒容那首膾炙人口的《革命軍》，把革命描繪得如此激盪人心：「革命者，天演之公例也。革命者，世界之公理也。革命者，爭存爭亡過渡時代之要義也。革命者，順乎天而應乎人者也。革命者，去腐敗而存良善者也。革命者，由野蠻而進文明者也。革命者，除奴隸而為主人者也。……嗚呼！革命革命！得之則生，不得則死。」[8]

儘管「驅除韃虜，恢復中華」的種族革命口號以及行動指標在推翻滿清專制王朝的事功方面起到了重大的作用，但此等革命並不具有現代性的革命建國意義，即便成功也不過是傳統王朝的循環更替。因此，革命黨人順應歷史的潮流，從狹隘的排滿、反滿的種族革命論超越出來，不失時機地提出了「五族共和」、「革命建國」的思想並付諸於政治實踐，這就為革命黨人的制憲建國，奠定了現代性的政治價值之基礎。故而，1912年1月1日孫中山在《中華民

出版社，1981年版，第86頁。
[8] 鄒容：《革命軍》，華夏出版社，2002年版。

國臨時大總統宣言書》中正式提出五族共和論：「敢披瀝肝膽為國民告：國家之本在於人民，合漢、滿、蒙、回、藏諸地為一國，即合漢、滿、蒙、回、藏諸族為一人，是曰民族之統一。」應該指出，臨時大總統宣言書基於武昌起義的成功和臨時政府的建立，對於革命建國的革命主義表現出強烈的偏好，遵循的依然是革命黨人的革命邏輯，對此孫中山寫道：「臨時之政府，革命時代之政府也，十餘年來從事於革命者，皆以誠摯純潔之精神，戰勝所遇之艱難，遠逾於前日；而吾人惟保此革命之精神，一往而莫之能阻，必使中華民國之基礎，確定於大地，然後臨時政府之職務始盡，而吾人始可告無罪於國民也。」這個革命建國的激進主義邏輯，可以視為不久即將制定的《中華民國臨時約法》之最好的鋪墊，或構成了《臨時約法》之內在的革命之正當性的政治邏輯基礎。*

> *　前文我把《臨時約法》和《清帝遜位詔書》視為兩個具有中華民國之立國性質的憲法性法律，之所以如此主張，其主要原因是基於我對於「革命建國」和「人民制憲」之「革命的反革命」的憲法精神的釐定。從一般意義上說，中華民國之創制時期，有多個具有憲法性意義的法律文件，其中《臨時大總統宣言書》亦具有這樣的憲法性質，此外，像《臨時政府組織大綱》、《中華民國國會組織法》等，都屬於這類性質的憲法性法律。本文之所以突出《臨時約法》和《遜位詔書》，關鍵點在於它們在中華民國之「立憲時刻」分別代表著兩種革命的制憲路徑，而《大總統宣言書》從實質上說，屬於《臨時約法》之革命主義的制憲路徑，與《臨時約法》構成了互為表裏的關係，而《遜位詔書》則代表著另外一條和平革命的改良主義制憲路徑，可惜的是這個路徑並沒有走下去，與革命主義的制憲路徑真正結合起來，最終形成一個

成功的體現著「革命的反革命」的中華民國憲法。所以，從中華民國之「立憲時刻」的視角看，《宣言書》與《臨時約法》可以視為一個東西，即南方革命政權的臨時憲法，它們與北京臨時政府之制憲訴求構成了對壘。

對此，作為革命對象的滿清王朝長期以來以「天命正朔」自居，自然在帝制的法理上是不能容忍的，必然將其視為「叛逆」、「謀反」，列為大逆不道之重罪，並予以殘酷鎮壓。[9]因此，革命建國之憲法創制，其首要的任務就是重新構建現代中國之法統，對於「革命」這個舊法統下的叛逆罪（或叛國罪）予以正名，通過創制民國憲法對「革命」這種建國方式或現代國家構建的動力因，予以合法性證成，張目其促進歷史變革的正當性意義，進而再對於革命的否定性質予以限制和憲定，[*]即所謂憲法出場，革命退場，民國憲法之創制意味著革命的終結。

> [*] 在政治憲法學的概念中，制憲權（constituent power）與憲定權（constituted power）是性質不同的兩種權力。前者的主體是人民，人民的制憲權是人民對政治存在方式的決斷權，人民委派特別代表制定憲法，憲法的根本法地位來自這個人民制憲權；後者則是根據憲法而產生的權力，憲定權本質上不同於制憲權，是派生的、受憲法制約的權力。[10]不

---

[9] 雖然清王朝早在 1912 年《遜位詔書》之前的宣統三年（1911 年）九月初九日發佈《准開黨禁頒佈特赦諭》，對革命黨人的造反行為即予以赦免除罪，不過這個《特赦諭》從政治邏輯上看，已經不屬於傳統王朝的正朔法理，而是納入改良主義的君主立憲制法理，納入不久頒佈的《清帝遜位詔書》之義理範疇。

[10] 參見西耶斯：《論特權　第三等級是什麼？》，馮棠譯，商務印書館，2004年版，第 59 頁；陳端洪：《制憲權與根本法》，中國法制出版社，2010 年版，第 131-142 頁。

過，上述區分主要是基於西耶斯的理論框架，它過於高揚了制憲權對於憲定權的絕對主導作用，我認為還有另外一種英美版的政治憲法學，其核心代表人物是洛克。洛克同樣強調人民的制憲權，但他同時對於憲法的憲定權從政府論的視角給予了肯定，從另一個方面矯正了西耶斯的偏頗，制止了人民制憲權的極端化趨勢。「利維坦時刻開啟的是一種非常時期的政治主權論，這個政治論傳統在西方源遠流長，從馬基雅維利、博丹到法國大革命乃至德國激進主義，其政治的絕對性已經被各路理論家們闡釋、挖掘個底朝天。洛克的政府論是對上述偉大傳統的一種憲政主義的強有力的反動，而且洛克的這派政治憲政主義的傳統在西方也是源遠流長和同樣偉大的，洛克以政治憲政主義的法權結構和憲政框架對上述的主權政治的絕對性給予了革命性的保守主義改裝。我們看到，洛克不是普通法憲政主義或者司法憲政主義那種對於利維坦的絕對排斥，他是一種否定（革命）中的結合和吸納，或是一種保守的存續和守護。所以它不是絕對的消解和外在的否定，而是接受這樣一個主權國家的利維坦，承認這個利維坦時刻的人民制憲權，並且尊重這個制憲權的革命成果，但是，它要對革命的嗜血性和虛無主義的動力因加以排除，從而守護這個國家的實質內容，用『法治政府』（有限政府）這樣一種憲政框架和憲政精神來安頓和守護這個現代國家。因此，洛克的政府論是一個底座，是一種光榮的反革命，一種守護革命成果的反革命。這也正是英國光榮革命的要義所在，是政治憲政主義之憲政的精髓所在。」[11]

---

[11] 高全喜：「政治憲政主義與司法憲政主義」，載高全喜：《從非常政治到日常

革命就其本性來說是一種暴力，而且是一種不斷否定的趨於「惡的無限」的暴力。[12]從政治憲法學的角度看，革命只是一種動力因，不是形式因，更不是目的因，固然革命對於打破舊的滿清專制王權具有先鋒之功，但一旦國家建立，憲法出場，那麼它就應該有所節制，甚至退場。對此，章太炎深有自覺，他所謂「革命軍起，革命黨消」[13]之名言，說的就是這樣一個建國時刻的有關「革命敘事」的憲法悖論。這個悖論從深層揭示了中華民國肇始時期的憲法之本性，即對於「革命」既要從憲法開出的新法統中予以合法性與正當性之證成，又要在這個法統的義理中予以祛除，憲法創制就是終結革命，屬於一種「革命的反革命」的政治邏輯。從理想主義的目的因來說，辛亥革命之所以具有如此憲法悖論，究其原因則在於這場革命關涉古今之變，處於一種非常政治的「立憲時刻」。放眼望去，我們發現，任何一種早期現代的國家憲制構建，英美歐陸諸國乃至後發國家，其建設一個優良的現代政治或現代民族國家（國民國家），都必定要經歷這樣一個非常的「立憲時刻」，其形式各異的「革命」都必定要承受這種憲法悖論。有的國家幸運地度過了這個難關，和平地成功轉入日常政治，有的國家則沒能實現和平轉

政治——論現時代的政法及其他》，中國法制出版社，2009 年版，第 33-34 頁。另參見高全喜：「憲法與革命及中國憲制問題」，載《北大法律評論》第 11 卷第 2 輯，北京大學出版社，2010 年版。

[12] 關於這個「惡的無限」，黑格爾指出，它只是對有限事物加以簡單的否定，是有限事物的無窮重演，這種惡性重演從來沒有離開有限事物的範圍，因而是惡的無限。見黑格爾：《小邏輯》，賀麟譯，商務印書館，1989 年版，第 206-207 頁。對此，恩格斯和列寧都有評論，例如恩格斯在《路德維希·費爾巴哈和德國古典哲學的終結》一書批判費爾巴哈片面強調「善」的作用時，引用了黑格爾的一段話：「有人以為，當他說人本性是善的這句話時，是說出了一種很偉大的思想；但是他忘記了，當人們說人本性是惡的這句話時，是說出了一種更偉大得多的思想。」《馬克思恩格斯選集》第四卷，人民出版社，1995 年版，第 237 頁。

[13] 參見：「章太炎之消弭黨見」，載天津《大公報》1911 年 12 月 12 日。

型，日常的憲政體制不復存在，上演的則是一幕幕社會動盪、內戰頻仍、生靈塗炭的政治悲劇。

中華民國肇始之憲法創制，對於上述建國之際的革命悖論問題並沒有深刻的自覺意識。我們先看一下作為中華民國憲法前奏的《臨時政府組織大綱》，這部大綱開篇沒有任何序言或總論，直接陳述第一章「臨時大總統副總統」，第二章「參議院」。第一章第一條規定臨時大總統之選舉，「由各省都督府代表選舉之，以得票滿投票總數三分之二以上者當選。」第二章第一條規定「參議院」，「由各省都督府所派之參議員組織之。」當然，這部《臨時政府組織大綱》並非憲法，且由於時間倉促，其基本精神只是旨在確立一個全國性臨時政權，從而為未來的制憲建國鋪平道路，所以或缺一些根本性的憲法問題考量情有可原。但《臨時約法》又如何呢？應該說這部《約法》相比於《大綱》具有本質上的不同，從某種意義上稱之為中華民國的第一部憲法是不為過的，它確實具有一種構建國家的結構性制度功能。《臨時約法》開篇就設立了第一章「總綱」，共計四條；緊隨其後是第二章「人民」，計十一條。其後才是第三章「參議院」，計十三條；第四章「臨時大總統副總統」，計十四條；第五章「國務員」，計五條；第六章「法院」，計五條；第七章「附則」，計四條。從憲制結構上說，這部臨時性的中華民國憲法基本上完成了一個現代國家的憲法制度的制度設計。

現行的主流憲法學和立憲史及政治史的研究，一般多集中於對《臨時約法》以及《政府組織大綱》中的總統制與內閣制的規定及其變更以及參議院的組織構成、政府職權劃分、文官制度的研究，尤其是從總統制與內閣制的變更所體現的當時政治形勢的辨析與評議，它們構成了大量的研究成果。但是，如果基於政治憲法學的審視，我認為上述這些問題並非中華民國憲法的根本性問題，它們

只是政體架構中的憲法問題，並非革命建國的實質問題，套用卡爾·施米特的概念，它們只是「憲法律」問題，而非「憲法」問題。在我看來，《臨時約法》不是沒有憲法問題，它們集中體現在第一章「總綱」的四條以及第二章「人民」之中。但對於這些根本性的憲法問題，論者不多，挖掘不深，其實這裏關涉著一個現代國家構建的立國之本。「總綱」第一條：「中華民國由中華人民組織之。」這一條明確規定了現代中國作為一個政治共同體的立國性質，或借用日本憲法學的一個相關概念，即規定了現代中國的國體，它是人民的國家，人民的共和國，人民是這個國家的制憲主體，在此「中華民國」和「中華人民」是兩個嶄新的憲法學概念，其所包含的憲制意義是傳統王制國家從來沒有的。民國、民國，何為民國？第一條就明確給予了回答。第二條：「中華民國之主權屬於國民全體。」這一條創制了一個現代國家的新的權利，即國家主權，通過這個主權創制，中華民國就有了自己的生命，也就是說，中華人民所組織的國家是一個享有主權資格的主體，就其歸宿來看，這一條明確規定國家主權屬於中國人民，即體現了現代國家之「主權在民」的憲法原則。第三條和第四條分別規定了中華民國的領土疆域和統治權。我們看到，總綱四條構成了一個完整的現代國家的憲制構架，從憲法的根本意義上確立了中華民國的國家性質、人民主權、領土疆域和統治權界。

儘管《臨時約法》之「總綱」確立了中華民國的憲法之根基，完成了一個現代國家的憲制結構的規劃，但為什麼本文仍然認為它還是有其憲法短板呢？其主要原因便在於這個《臨時約法》尤其「總綱」沒有從非常政治的「立憲時刻」之高度，應對貫穿於中國政治之古今之變的革命建國問題。也就是說，它只是從一般國家政治的構建角度即「日常政治」的憲制角度創制中華民國憲法，殊不

知這個中華民國之憲法不可能是日常政治的產物，而是非常政治的產物，這裏有一個只有早期現代才有的「立憲時刻」或「建國時刻」[14]，而且從現代國家的肇始（無論西方國家還是東方後發國家）來看，這個立憲建國時刻又都與革命密切關聯，在憲法創制（無論是成文還是未成文憲法的創制）中如何處理革命問題，都是一個嚴峻而艱難的攸關問題，它關涉這個國家憲制的存亡成敗，關涉一個民族（國族）的政治成熟。在這個重大問題上，中華民國的締造者們（各派政治、軍事領袖和知識、士紳精英，尤其是革命黨人之領袖）缺乏應有的自覺。

這個短板的關鍵倒不在於在《臨時約法》的文本上要寫下多少有關宣示革命建國的詞句，從某種意義上看，這部憲法性法律文件在形式上制定得已經非常充分了，與西方對應的建國時期的憲法或憲法性法律相比，中華民國的《臨時約法》並不差。例如，美國憲法的序言不過寥寥數語，其中心內容是國家權力的劃分與分配，至於權利條款還是後來作為修正案形式補充進去的。《臨時約法》總綱四條，以及「人民」、「參議院」、「臨時大總統、副總統」、「國務員」、「法院」等七章的憲制結構，已經奠定了中華民國作為現代立憲共和國的基礎。其短板的關鍵點在於，這個憲制結構是以辛亥革命的革命動力因塑造出來的，沒有主動呈現出內在的「反革命」機制，因此這個憲法形式就是不牢靠的，因為革命建國包含兩層憲法邏輯，即「革命」與「革命的反革命」，這個終結革命的力量不僅僅只存在於辛亥革命的革命黨人那裏，而且還存在於與其對立的改良主義（清政府以及南北各省士紳群體）立憲派那裏，具體一點說，主要存在於清王朝最後的變法改制（《十九信條》）、端方、袁世凱

---

[14] 參見高全喜：「西方『早期現代』的思想史背景及其中國問題」，載《讀書》2010年第4期。

與張謇、梁啟超等人所代表的擁護憲制的立憲改良派那裏，只有他們實質性地參與到這個臨時約法的憲法創制中，這部憲法性法律才是富有效力和權威的。但南京臨時政權卻並沒有發自內心地誠摯接納這股反革命的制憲力量，儘管有南北和議，但最終仍然沒能妥善而成功地以憲法形式宣示告成，從而達成兩股憲法力量的平和而公正的統一，實現終結「革命」的「革命之反革命」的憲法之創制，至於總統制與內閣制之爭，不過是上述深層憲法問題的表現而已。缺乏這種革命建國之反省，這才是本文所說的《臨時約法》之憲法意義上的短板，它是埋在文本背後的深層邏輯。

2. 人民制憲問題

與沒有妥當應對革命建國問題這個憲法短板密切相關，《臨時約法》還有另外一個短板就是人民制憲問題，即這部約法沒有從制憲權的高度實質性地解決人民與國家（共和國）的關係：何為人民？何為民國？中國人民是如何即以什麼方式制憲建國的？當然，《臨時約法》比之《臨時政府大綱》要高遠和深刻得多，後者只是關注政府權力，尤其是統治權問題，對於人民隻字沒提，前者作為一部憲法性法律，從文本上看對於人民是給予了高度而足夠的重視的。這部約法在總綱第一條就提出「中華人民」這一概念，並規定中華民國由中華人民組織構成。第二條又明確規定中華民國之主權屬於國民全體。第三條雖然規定的是中華民國的領土疆域，「中華民國領土為二十二行省內外蒙古西藏青海」，其暗含著這些領土上的居民均屬於中華人民之範疇。此外，約法第一章「總綱」之下的第二章就是「人民」，共計用十一個條款列舉了人民的平等、自由等一些社會政治權利以及克盡的納稅、服兵役等義務。由此可見，《臨時約法》遵循著現代國家的主權在民的憲制原則和權利保

障原則，關於「人民」給予了較為詳盡的規定。應該指出，《臨時約法》之所以被視為中華民國的第一部憲法，或民國肇始時期的一組憲法性法律之首，其緣由便是它確立了「人民」的國家主體地位，即人民是國家的主人，所謂民國就是人民的共和國，國家為人民所有。這在中國三千年政治史上是開天闢地的創舉，厥功至偉，無論怎麼評價都不為過。尤其是這部約法第一次把「中華民國」和「中華人民」在開篇之總綱中就寫入其中，使其成為一組憲法概念，這對於中國憲制之構建和中國憲法學來說，都是意義重大的。此外，《臨時約法》還明確規定了人民的各項社會與政治權利，其列舉條款基本容納了西方現代憲法之權利法案的主要內容，其進步意義毋庸置疑。總之，從上述視角來看，《臨時約法》完全稱得上是一部現代意義的共和國憲法。[15]

本文的主旨不是全面論述《臨時約法》的整體架構和憲制意義，尤其是作為立國之本的主權在民和人民權利的憲法價值，而是試圖置身於當時的憲法創制的政治語境，揭示其固有的憲法短板。也就是說，這部約法儘管居功至偉，但我為什麼仍然說它並沒有從根本性上解決人民制憲的問題，從而使其在有關中華民國、中華人民、人民權利*的憲法規定中難免流於空疏呢？當然這首先是由於前一個短板，即與這部約法回避革命建國之「革命的反革命」的攸關問題有著密切的關聯。因為，依照這部約法的深層憲制邏輯，其民國構建是源於國民革命，正是基於這場偉大的革命，才培育、冶煉和塑造出「中華人民」，由這個嶄新的現代國民（國族）——中華人民，行使制憲權，構建現代國家——中華民國，即一個

---

[15] 參見邱遠猷、張希坡：《中華民國開國法制史》，首都師範大學出版社，1997年版；嚴泉：《失敗的遺產——中華首屆國會制憲 1913-1923》，廣西師範大學出版社，2007 年版。

人民的共和國。這個寫進《臨時約法》文本中的「中華人民」是如何發生的呢？《臨時約法》規定了人民組織國家、享有主權、賦有權利，但是人民為什麼能夠如此，其動力因和目的因並不明確。由此，本文對這部約法的追問就有兩個：人民在哪裡？人民又是如何制憲的？

　　*　　《臨時約法》關於國民權利保障問題雖然有多個條款加以規定，但在司法制度方面並沒有落實，致使從英國學習法律歸來的章士釗感到有必要予以揭示，他寫道：「《約法》曰：『人民之身體，非依法律不得逮捕、拘禁、審問、處罰。』倘有人不依法律逮捕、拘禁、審問、處罰人，則如之何？以此質之《約法》，《約法》不能答也。」章士釗指出這是許多成文憲法的共同缺陷，應該吸取英美法系的優長予於補救：「然人欲濫用其權，中外一致。於是英人之保障自由，厥有一法。其法惟何？則無論何時，有違法侵害人身之事件發生，無論何人（或本人或其友）皆得向相當之法廷呈請出廷狀（Writ of Habeas Corpus，今譯人身保護令）。法廷不得不諾，不諾，則與以相當之罰是也。出廷狀者乃法廷所發之命令狀，命令侵害者於一定期限內，率被害者出廷，陳述理由，並受審判也。英人有此一制而個人自由全受其庇蔭……茲制者，誠憲法之科律也，吾當亟采之。」與此同時，章士釗還指出《臨時約法》的有些規定為行政侵犯司法獨立留下了隱患。《臨時約法》第十條規定：「人民對於官吏違法損害權利之行為，有陳訴於平政院之權。」章士釗指出：「平政院者，即行政裁判所之別詞也。凡有平政院之國，出廷狀之效力必不大，何也？人民與行政官有交涉者，乃不能托庇於普通法廷也……使行政權侵入司法權，則約法所予吾人之自由

者，殆所謂貓口之鼠之自由矣。」因此，他主張刪除這一條款。[16]

關於第一個追問，人民在哪裡？我們發現，「人民」或「中華人民」並不是一下子從天上掉下來的，而是經歷一個發育、鍛造和提升的過程，其中伴隨著內憂外患的的苦厄命運和抗爭奮鬥，又與時俱進地在三個層面上富有憲法內涵地展開。首先，是從王朝臣民（百姓）向現代公民以及人民（作為共同體）的意義推進，這是一個人民（尤其是個體或個人）自由與權利的發現與實踐的過程，以嚴復的「群己權界」或「個人自由」的發凡為代表。[17]其次，是從滿漢畛域之辯到「驅除韃虜、恢復中華」再到「五族共和」共同塑造「中華人民」的演變過程，這個中華人民的共同意識之認同，標誌著國人對於滿清王朝之專制統治的反抗，走出了王朝政治的窠臼，步入一個現代國族或民族國家的新階段，這是一種具有現代性意義的中國民族主義之生成。第三，伴隨著「中華人民」這個現代人民共同體自專制統治的臣民蛻變出來之發育過程，尤其是這個過程中的革命主義之激進化，其內在的個體公民自由與集體主義之訴求的張力日漸尖銳，本來就弱小的個人主義最終被人民集體主義的共同意志和價值指向所壓倒，全體的中華人民在革命中被鍛造為未來國家的主體。總之，上述三個層面以及基本特性，可以用兩個概

---

[16] 參見章士釗：「臨時約法與人民自由權」，載《章士釗全集》，第 2 卷，上海文匯出版社，2000 年版，第 85-87 頁；另參見袁偉時：《從章士釗看 20 世紀中國思潮》，見「學術中華」網。

[17] 嚴復的《群己權界論》雖然譯自約翰·穆勒的《論自由》，但其意義已經大大超出了西文翻譯，具有重要的思想啟蒙的價值：嚴復顯然刻意為之，他在翻譯中不僅精選中文辭彙，而且構造新詞，並在關鍵處加上自己的按語，重在申明個人權利，塑造公民自由意識。參見：《嚴復集》，中華書局，1986 年版；黃克武：《自由的所以然：嚴復對約翰·彌爾自由思想的認識與批判》，上海書店出版社，2000 年版；許紀霖編：《史華慈論中國》，新星出版社，2006 年版；陳永森：《告別臣民的嘗試》，中國人民大學出版社，2004 年版。

念來加以概括，那就是「新民」與「建國」，即更新傳統之臣民為現代性的中華人民、現代國民，由此構建一個現代中國，即中華民國──人民的共和國。

「建國」與「新民」的雙重主題在早期現代的西方諸現代國家，其肇始之際的情況也是同樣如此，中國與此有政治邏輯的同構性，例如，霍布斯的《利維坦》與《論公民》探討的便是這樣一個雙重的現代國家與現代公民（人民）的構建問題，建國與新民是英國光榮革命所處理的重大主題；美國的立國之根基也是這樣一個雙重的建國與新民的主題，其經典憲法性文本就是《獨立宣言》與《合眾國憲法》。[18]考諸中國現代政治思想史，關於革命建國的正當性，或者說為革命黨的造反起義進行辯護，在同盟會的一些文獻中就有充分論述，其中集中於種族革命的正當性，為此孫中山、黃興、章太炎等人在制定同盟會宣言和《革命方略》時有過討論，此外，在革命黨與康有為的維新派有關革命與立憲問題上更是表現得劍拔弩張，針鋒相對。

中華民國肇始之際在革命黨人的思想觀念中，是有著一個類似的「中華人民」之塑造的新民故事的，也凝聚著這個中華人民的發生學共識與價值認同。《臨時約法》或許並沒有直接呈現出這個豐

---

[18] 我曾經指出「利維坦時刻」是一個現代國家構建所不可或缺的政治階段，在此包含著兩個對立且統一的主題，即一個現代國家之主權（the Sovereignty of the State）與現代公民之主權（the Sovereignty of the Individual）的雙重主權之構建問題。參見高全喜：「政治憲政主義與司法憲政主義」，載高全喜：《從非常政治到日常政治──論現時代的政法及其他》，中國法制出版社，2009 年版，另外參見：Otto Gierke, *Political Theories of the Middle Age*, Boston: Beacon Press, 1958, P.87（關於現代政治的特徵，基爾克認為國家主權與個人主權是所有社會結構的兩個中心原理，二者之間的關係成為現代國家政治理論爭議的焦點）；J.Plamenatz, *Man and Society: Political and Social Theories from Machiavelli to Marx*, 2nd, New York: Longman, 1992；孔新峰：《從自然之人到公民──霍布斯政治思想新詮》，博士論文，北京大學。

富、重大而根本性的精義，但必定暗含著這個深意，問題在於我們的制憲者和解釋者是否或多大程度上將其闡發出來，並以此凝聚人民的精神，用這個富有生命的「中華人民」來克服和戰勝憲法實施中的各種障礙，解除總統制與內閣制之對壘、袁世凱之野心和護法戰爭之刀槍。我們看到，圍繞著《臨時約法》發生的有關人民制憲的歷史故事，並沒有充分說明這個「中華人民」富有活力的現身出場，《臨時約法》中的這個人民還不是中華民國之強有力的、生命貫注的主體，只是一個紙質的身軀，與英國未成文法中的人民、美國憲法導言中的「我們人民」，雖然同為人民，其差別判若雲泥，後者蘊含著強有力的憲法性力量，是任何背離憲法精神的人和勢力所撼動不了的，這個活生生的人民才享有憲法的尊嚴，才是真正的制憲者。[*]

> [*] 在此值得的一提的是 1917 年 7 月至 1918 年 5 月由孫中山領導的所謂「護法戰爭」，這場戰爭旨在反對張勳的帝制復辟以及北洋軍閥的專制統治，捍衛與恢復《中華民國臨時約法》。但是，這場戰爭並非真正意義上的「中華人民」捍衛憲法的護法戰爭，其合法性與正當性是有限度的，護法意義是晦暗不明的。因為，臨時約法並不是一部完備的中華民國憲法，真正的中華民國憲法並沒有創制完成，人民並沒有真正成為憲法的主體，所以這場護法戰爭難以調動起全國人民維護共和國的憲法精神，這與林肯領導的那場捍衛憲法的南北內戰有著重大的區別。由於與中華人民相疏離，這場護法戰爭最後淪落為軍閥勢力角逐與黨派利益之爭的戰場，革命建國與人民制憲這個雙重憲法主題在這場護法戰爭中慘遭放逐，所以其失敗乃是必然的。相比之下，同樣是護法戰爭，美國南北戰爭卻呈現出另外一種情況，南北雙方都宣稱

為捍衛憲法而戰，結果是北方贏得了戰爭的勝利，但那只是事功層面的現象，這場戰爭的最後勝利者乃是美國人民，美國人民通過戰爭重建了共和國，因此其戰後和解體現了美國憲制的真正的人民精神，李將軍等南方軍士的墓碑與北方將士的墓碑一樣被供奉於國家殿堂之上，為不分南北的美國人民所共同紀念。[19]。

下面再看第二個追問，即人民如何制憲？按照一般通說，臨時政府組織大綱公佈，其規定「六個月以內召集國會」，制定憲法構建民國，但事實上這個規定並沒有如願實施。鑒於當時的急迫形勢，南北議和，清帝即將退位，袁世凱將任臨時總統，等等，所以「臨時參議院」多數人決定制定《臨時約法》，1912 年 2 月 7 日參議院開始會議，起草二次，時間長達 32 日，到 3 月 8 日，《中華民國臨時約法》全部通過，同月 11 日，臨時大總統公佈實施。顯然，這部臨時憲法的創制具有臨時的性質，並非完備意義上的人民制憲，不過這部約法稱之為臨時約法，說明制憲者也意識到這個問題，所以明確規定六個月內召集國會重新制定一部正式憲法。

從現代國家的憲制經驗來看，由臨時的制憲組織，如臨時參議院等機制，先行制定一部臨時性的憲法，然後待時機成熟後由議會（可以是參議院和眾議院兩院議會，也可以是一院制議會）重新制定正式憲法是可行的，甚至也是必要的；此外，是採取獨立的制憲會議來單獨制定憲法，還是由議會制定憲法，也並沒有一定之規，制定憲法的組織形式可以是多樣的，只要妥當與合宜均可。但是，需要指出的是，儘管形式上是由臨時的制憲組織或一般的議會制定

---

19 參見雅法：《分裂之家危機》，韓銳譯，華東師範大學出版社，2007 年版；雅法：《自由的新生》，譚安奎譯，華東師範大學出版社，2008 年版；高全喜：「美國現代政治的『秘密』——從政治思想史的視角審視」，載《戰略與管理》2010 年第 5、6 期合編本。

憲法，乃至制定臨時憲法，這個創制憲法的立法行為與制定一般的國家或政府法律，是有本質性區別的，從政治憲法學的視角看，這裏涉及一個「制憲權」與「憲定權」、「憲法」創制與「憲法律」制定的區分。也就是說，創制憲法，哪怕是臨時的憲法，其與制定一般的國家和政府法律，是性質上迥然不同的兩種立法行為，即便它們是由同一個議會來制定，性質也是完全不同的，前者關涉人民主權以及人民制憲權，後者則是人民代表所組成的議會，受託制定國家和政府法律，顯然，只有前者才構成所謂的立憲時刻或建國時刻，屬於非常政治的範疇，後者不過是人民制憲權的例常化行使，屬於日常政治的範疇。[20]

　　基於上述憲制邏輯的劃分，可以說臨時約法的創制，乃至「六個月內」（實際上拖延數年）國會制定的中華民國憲法乃是屬於非常的立憲時刻，遵循的應該是非常的制憲邏輯，中華民國大致在初創之際的十餘年時間中，無疑處於非常的制憲時刻，本該創制的那部立國之本的憲法總是制定不出來，因此也就無法完成從非常政治的立憲時刻到日常政治的憲法例常化時期的轉變。之所以如此，多數論者偏重於討論分析這個時期的現實政治與軍事形勢，以及南北兩派政治勢力和領袖的謀國規劃、政治權術以及體現在臨時約法、各種草案中的制度安排與人事許可權之爭、黨派之爭，如總統制與內閣制之爭、府院之爭、黨派議員名額分配之爭、新老議員審核認定之爭，等等。在我看來，這些內容固然是重要的，但並不是中華民國制憲建國時期的根本性問題，它們大多屬於「憲法」下面

---

[20] 關於上述問題的憲法學理論，參見西耶斯：《論特權第三等級是什麼？》，馮棠譯，商務印書館，2004 年版；卡爾‧施米特：《憲法學說》，劉鋒譯，世紀出版集團，2005 年版；高全喜：《現代政制五論》，法律出版社，2008年版；高全喜：《從非常政治到日常政治──論現時代的政法及其他》，中國法制出版社，2009 年版；陳端洪：《制憲權與根本法》，中國法制出版社，2010 年版。

的「憲法律」問題，屬於人民制憲權下的「例常化」過程中發生的問題。究其根源，還要回到人民制憲權、革命建國之非常時刻的憲法問題上來，也就是說，在中華民國的建國時刻，富有活力的中華人民究竟以什麼方式出場，在多大程度上真正作為主體或主權者，主導而非參與這部臨時約法以及民國憲法的創制過程，這是辛亥革命的革命主義問題之所在。

當然，制憲時刻的人民出場，並非意味著人民的全部集會，這是不可能的，但民主程序的代表制卻是必要的，人民出場可以採取代表制，由人民代表受託行使制憲權。關鍵是如何代表，在這個問題上，我們大可不必機械地理解人民代表制，以為代表制就一定是採取選舉制，尤其是基於人頭的選舉制。我們發現，英美等國家的選舉代表制都是相當晚近的事情，它們在各自國家的憲法創制時期，都沒有行使後來搞出來的選舉代表制，而是精英代表，光榮革命期間和美國立國時期，制憲者和立國者們大多不是通過人頭選舉產生的，但這並不影響他們作為人民的代表（天然代表），受託行使制憲權，從而締造了他們的現代國家。從這個意義來看中華民國臨時約法的制定以及未來民國憲法的制定，大可不必說鑒於辛亥革命的偶然成功，以及隨後急迫的政治形勢，無法正常召開國會選舉國會議員，或者當時民眾現代意識薄弱，民主選舉不甚成熟，等等，致使人民在相當程度上無緣參與制憲。我們要追問的是，制定臨時約法的參議院，以及制定民國憲法的國會議員，他們是否以及在多大程度上受託代表中華人民行使制憲權。

從現有的議會史料來看，民國早期政治參與活動最重要的是全國性議會選舉的開展，全國共舉行過四次中央議會選舉與三次地方省議會選舉。第一次中央議會選舉是北京臨時參議院選舉，在南京臨時參議院的民意代表性遭到各省質疑後，臨時政府遂決定依據

《臨時約法》第 18 條規定，在全國各省進行臨時參議員選舉，重新組織北京臨時參議院。第二屆國會選舉從 1918 年 5 月開始，至 7 月結束。由於議員賄選以及軍閥爭權，1920 年 10 月，總統徐世昌下令舉行第二屆國會選舉，但遭到直系等地方實力派的反對，全國只有部分省區進行眾議院選舉，參議院選舉一直沒有進行。[21] 本文在此無意具體分析民國期間這段錯綜複雜的國會演變，而是還原到人民制憲權的憲法問題上，可以說，儘管不盡如人意，臨時約法之制定和民國憲法之曲折創制，臨時參議院和國會參眾兩院以及眾多議員還是多少代表了人民的意志和願望，這也是中國政治史的一樁創舉，即由人民代表而不是君主厘定乾坤，制定國家章程，構建國家體制。但是，由於中華民國是經由革命建國的，這裏有一個新民的問題，即中華人民是一個全新的國民共同體，是通過革命的冶煉和洗禮而發生和塑造出來的，因此，人民代表必定要具有這方面的自覺——秉有人民的精神。如此，人民制憲權才真正得以行使。但多少有些遺憾的是，國會議員受託代表人民制憲的程序和實質，在這個制憲過程中並沒有真正發揮應有的作用，特別是北洋時期的國會制憲，更是蠅營狗苟，完全喪失了人民的精神，早已不再是人民的代表。如此一來，這個由賄選國會制定的民國憲法，從實質上就不再是民國憲法，不再具有中華民國立國之本的意義，也起不到「民為邦本、本固邦寧」之作用。用政治憲法學的話說，就是人民制憲權流產，說起來這當然也是《臨時約法》遺留下來的一個憲法短板。

---

[21] 關於民國議會的研究，參見張玉法：《民國初年的政黨》，（臺北）中央研究院近代史研究所，1985 年；張朋園：《中國民主政治的困境 1909-1949》、《梁啟超與民國政治》、《立憲派與辛亥革命》，吉林出版集團有限責任公司，2008 年版；鄒讜：《中國革命的再闡釋》，香港牛津大學出版社，2002 年版；嚴泉：《失敗的遺產——中華首屆國會制憲 1913-1923》，廣西師範大學出版社，2007 年版，等。

前面本文從革命建國和人民制憲兩個方面論述了《臨時約法》的憲法短板，就這部臨時約法的總綱來看，還有一個「憲法」而非「憲法律」的問題，那就是統治權問題。「總綱」第四條規定：「中華民國以參議院、臨時大總統、國務員、法院行使其統治權。」此後在第三章、第四章和第五章分別規定了參議院、臨時大總統、法院的立法權、行政權和司法權，基本確立了一個三權分立制衡的現代國家制度的憲政體制。其中引起以後諸多憲制糾葛的是臨時大總統的職權行使條款與後來袁世凱繼任大總統後國會制定的憲法草案中的大總統職權條款的爭議，即所謂總統制與內閣制之爭。關於這場關涉民國肇始之際發生的憲制之爭，論述已經很多，本文無意贅述，在此需要補充的是，看上去這場爭論只是圍繞著總統制與內閣制的統治權之爭，涉及南北勢力分野、黨派利益和個人野心，但其之所以成為問題，不單單是軍事實力和三權分立的框架結構等原因使然，還有更為根本的有關憲法創制的革命建國與人民制憲權問題，由於這些問題沒有在憲法層面上達成共識，那麼這個國家制度的統治權問題就不能妥善解決。野心固然需要用野心來抗衡，但必須有一個前提，那就是基於人民制憲權，「主權在民」是最高的憲法原則，人民必得在憲法中真正出場，成為現實的制憲力量，由此，權力制衡才能有效，並得到制度上的落實。由於《臨時約法》的憲法短板，國家統治權受制於黨派利益與個人野心，成為槍桿子的利用工具，導致中華民國憲法的創制屢屢難產，並最終歸於失敗。

從《十九信條》到《清帝遜位詔書》

到此為止，前面我的論述基本上是基於革命史觀對於中華民國肇始之際的憲法，即《臨時約法》之制定而展開的，所揭示的憲法

短板也是立足於這個革命建國、人民制憲的前提。但是，本文下面所展開的卻是另外一個邏輯敘事，即將《清帝遜位詔書》同樣視為一部具有憲法性法律性質的文件，論述其對中華民國、中華人民這個雙重的「立國」與「新民」主題的構建所具有的憲法意義。這樣一來，是否下面的論述就與前述構成了矛盾，並進而完全顛覆了前面的立論了呢？看上去似乎確實如此。但如果我們放寬視野，從一個含蘊歷史的政治憲法學的更為高遠的視角來審視的話，那麼其情形就遠非如此，甚至它們的張力有助於我們更為真切地理解中華民國的制憲史，理解中華民國作為第一個人民共和國的「立憲時刻」所蘊含的淵深的憲法內涵，理解我們今天的制憲建國事業，不過是中華民國在肇始之際尚未完成的偉大事業的繼續。

首先，在本文開篇我就指出，現代中國的立憲建國從戊戌變法失敗之後（並非完全因為戊戌變法）就明顯分道揚鑣為兩條路線，一是革命黨人革命建國的路線，一是改良主義君主立憲的路線。晚清末年，西方列強的侵略壓迫日益嚴峻，內憂外患，兩條路線各自遵循著自己的政治邏輯不斷發展演變，相互之間在理論和實踐上日趨緊張，以致對立鬥爭，視若仇敵，其著名的一個例證就是晚清政府 1905 年派遣載澤、戴鴻慈、紹英、徐世昌和端方五大臣出使西方諸國考察憲政，9 月 24 日在北京正陽門火車站出發時，遭遇革命黨人吳樾的炸彈襲擊，致使五大臣受傷，吳樾自己被炸死。武昌起義的成功看上去是辛亥革命的一項標誌性成就，由此表明推翻腐朽的滿清帝制、結束中國千年王朝專制統治、開啟一個現代的人民共和國，是辛亥革命的偉大創舉，印證了革命建國的政治邏輯的光榮與正確。其實，這個在海峽兩岸佔據主流的革命建國理論是相當片面的，甚至是意識形態化了的，它們只是揭示了中華民國構建的一個維度──儘管是非常重要的維度，而忽視了另外一個維度，即

與辛亥革命相對立的歷經數十年、同樣厥功至偉的立憲主義的君憲制改革路線。這一條政治邏輯的理論與實踐也是與時俱進、變化發展的，它們同樣對於中華民國的建國起到了重要的作用，也屬於中華民國這個現代共和國的創制構建之有機的組成部分，從某種意義上說，這個路線也不失為光榮與正確，本文下面所著重論述的《清帝遜位詔書》便是這個維度上的一項重要內容。

其次，我這樣說並不是要全然否定辛亥革命的意義，也不是要顛覆革命建國、人民制憲的主題，恰恰相反，我依然強調在早期現代的現代國家（民族國家或國民國家）的塑造中，革命建國是極其重要的方式，甚至是必然的方式，任何一個現代國家（無論是共和國還是立憲君主制）都必然要通過對於舊制度的一場革命（人民革命）才得以構建出來，英國的光榮革命、美國革命和法國大革命皆是如此，中國的現代國家之創制也是如此。[22]但是，如何理解和把握歷史命脈中的革命建國呢？顯然，傳統主流的革命史觀對於這場波瀾壯闊的革命之理解是狹隘的、片面的，它們只是基於革命黨人的革命觀念，並受制於歷史成敗論的意識形態束縛，僅僅把辛亥革命，尤其是通過武裝暴動、起義造反的革命視為革命建國的根本方式，把革命黨人以及由他們組織發動的群眾運動視為「中華人民」的政治行動。這樣一來，在這個革命建國之外或與其平行、相互競爭的另外一條政治路線，以及其改良主義的立憲建國邏輯，就被忽視或排除了，──這不符合歷史的真相，也不符合中華民國和中華人民的革命建國的政治邏輯和憲法精神。其實，這個中華民國構建的革命建國和人民制憲的憲法原則，其內涵和外延都是相當廣闊

22　參見袁偉時：《晚清大變局》，明報出版社，2006 年版；史扶林：《孫中山與中國革命的起源》，中國社會科學出版社，1981 年版；高全喜：《從非常政治到日常政治──論現時代的政法及其他》，中國法制出版社，2009 年版。

的，遠非辛亥革命的狹隘革命史觀所能涵蓋，中國近現代之國家構建的國家和人民（「中華民國」和「中華人民」）無論從理論還是現實來看，都理應包含晚清以來綿延不斷、命運多舛的朝野改良主義君憲制運動。在我看來，這個基於變法改革的君憲建國路線同樣是中華人民革命建國的一個有機部分，不是中國革命的補充或陪襯，而是革命建國的另外一個主體力量。改革也是一場革命，改良主義之制憲也是一場革命，甚至「遜位」也是一場革命。

如此看來，中華民國的革命建國和人民制憲就得到巨大豐富，它是基於戊戌變法以來的兩條對立的建國路線的聚焦合攏的產物，是兩種政治邏輯的發展演變之成果，武昌起義不過只是一個翻天覆地之政治變化的導火索，由此兩條路線對接起來，導致了清王朝的覆滅和現代中國的建立。遺憾的是，《臨時約法》只是體現了狹隘的辛亥革命之革命建國的憲法理念，因此不足於承載中國早期現代的革命建國、人民制憲之精義，所以才會出現本文前述的兩個憲法短板。從這個意義上說，《臨時約法》承受不起中國第一部憲法的名分，它自身不能獨自擔負立國之本的憲法重任，只是一組擔當中華民國之憲法重任的憲法性法律文件之一。相比之下，《清帝遜位詔書》卻從另外一個方面填補了《臨時約法》的偏頗，在革命建國和人民制憲兩個憲法原則方面，在現代中國肇始之際面臨的「建國」與「新民」這個雙重的憲法主題方面，在對於「中華民國」和「中華人民」兩個核心憲法觀念的培育和鍛造方面，起到了功不可沒的、不可替代的歷史性貢獻，因此，它有充分的理由被視為一部憲法性法律文件，成為支撐中華民國的一組（兩個）作為立國之根基的憲法性法律之一。

在正式闡發《清帝遜位詔書》之前，我們有必要對這份遜位詔書頒佈之前的憲制情況，尤其是這另外一條改良主義的君憲建國路

線做一簡單的勾勒。大致說來，戊戌變法失敗後，革命派與立憲派分道揚鑣，各行其是，就立憲派的演變來看，其又可分為兩股變法求變的力量。一股是以康梁黨為主體在海外發動的、朝野精英中主張體制改革者廣泛參與的力量，其口號是君主立憲，他們創辦了多種刊物，像《新民叢報》、《政論》、《國風報》，極力鼓吹君主立憲，這一派在體制內深得人心，尤其是在野的士紳階層如張謇、湯壽潛等人早就主張立憲改制，1901 年之後，他們所代表的士紳階層構成了國內立憲派的主體。此外，還有一股來自清室朝廷上層中的改革力量，像張之洞、端方、袁世凱等一些封疆大吏，他們都主張效法日、俄、英等國體制，實行君主立憲，保國、保教、保種，應對日益嚴峻的內憂外患之危機。隨著清廷內外危機的加深，上述兩股力量逐漸合流，君主立憲的政治改革成為清統治者不得不走的必然舉措。*

＊　　應該指出，清王室以及上層王公大臣中主張變法改制的權貴一直就絡繹不絕，遠的不說光緒帝，像後來的攝政王載灃，出國考察五大臣之載澤、端方，晚年張之洞，甚至曾經叛變光緒帝的袁世凱，在戊戌變法失敗之後都開始主張實行君主立憲制。例如，袁世凱主持印行《立憲綱要》說：「外人自稱為文明者，以有憲法故；其視吾國為不文明者，以無憲法故。憲法成則國與國同等。」中國的被侵略、受欺辱，不僅是由於國勢積弱，而且是由於政體專制，不能享受與文明國同等的待遇。張之洞也表達過類似的觀點，1907年張之洞面陳慈禧太后說：「立憲實行，越速越妙……現在日法協約、日俄協約，大局甚是可危。各國視中國之能否實行立憲，以定政策。臣愚以為，萬萬不能不速立憲者，此

54

也。」[23]滿族大臣端方作為清季政局中的關鍵人物，思想非常開明，他能夠順應中國近現代改良主義變法改制的浪潮，主張革新政體以應對中國的內憂外患，是朝廷內主張立憲最力的封疆大吏。作為出國考察的五大臣之一，端方對於憲政的理解遠超出當時的士人學子，他編有《歐美政治要義》，其思想的核心是要在中國建立起與德、日類似的二元君主制的立憲政體。「一方面他要維護君權，幫助清政府擺脫封建統治的困境，以達到『皇位永固』的目的。另一方面，他極力倡言立憲，主張中國變專制政體為立憲政體，陳述實行立憲可以『助長民生，增進國力』，因此，他的立憲思想包含了使國家富強、人民生活改善的意圖。他主張採用資本主義國家的政治組織形式，行政、立法、司法三權分立，使國家機器運轉更加靈活，同時要求確保人民的基本權利。」上述思想對清廷的預備立憲影響很大，被視為清季預備立憲的設計師。在 1906 年他上奏的〈請定國是以安大計折〉就具有很大的代表性，他寫道：「其所以致富強者，不當於其外交之敏捷求之，而當於其內政之整理觀之。夫世固未有政治不修而其國能富其兵能強者，亦未有內政不修而外交能制勝利者。……此不必問其他，但問其政體之為何而可以判斷之矣。……一國有議會，則政府之行動，人民可以知之，人民之意志，政府亦可以知之，上下之情相通，合謀以求一國之利益，故國事因此而得理，國家亦因此而得安矣。」「於是政府信用，官吏皆賢，人民盡知政府之能如此也，於是依賴

---

[23] 《立憲綱要·述立憲利益》，光緒丙午季秋北洋官報局印；孔祥吉：「張之洞與清末立憲別論」，載《歷史研究》1993 年第 1 期；遲雲飛：「清季主張立憲的官員對憲政的體認」，載《清史研究》2000 年第 1 期。

其政府若牆壘之可以禦，人保護其國家若巢穴之不使人
入……國家如此，夫複何危？……俄國以專制政體之故，故
無憲法，因無憲法，故無責任內閣及議會等制度……以內政
不修，故為日本所勝；而日本則為君主立憲政體，與俄相反，
故能敗俄。……中國今日正處於世界各國競爭之中心點，土
地之大，人民之眾，天然財產之富，尤各國之所垂涎，視之
為商戰兵戰之場。苟內政不修，專制政體不改，立憲政體不
成，則富強之效將永無所望。」[24]

標誌性的有如下一些變革步驟，先是在八國聯軍入京，慈禧太
后、光緒皇帝於避難西安期間，在 1901 年 1 月 29 日發佈《變法上
諭》，啟動清末新政，*進而演變為清末預備立憲。因為日本於明治
十五年曾派員赴歐洲考察憲政，清廷遂於 1905 年派載澤、端方等
五大臣出洋考察。次年，五大臣先後回國，上書指出立憲有三大利：
「一曰皇位永固，二曰外患漸輕，三曰內亂可弭」，建議進行「立
憲」。但是，他們指出，「今日宣佈立憲，不過明示宗旨為立憲預備，
至於實行之期，原可寬立年限。日本於明治十四年宣佈憲政，二十
二年始開國會，已然之效，可仿而行也。」1906 年 9 月 1 日（光
緒三十二年七月十三日），清廷頒發〈宣示預備立憲先行釐訂官制
諭〉，宣示中外：「廓清積弊，明定責成，必從官制入手，亟應先將
官制分別議定，次第更張，並將各項法律詳慎釐訂，而又廣興教育，
清理財務，整飭武備，普設巡警，使紳民明悉國政，以預備立憲基
礎。著內外臣工，切實振興，力求成效，俟數年後規模粗具，查看
情形，參用各國成法妥議立憲實行期限，再行宣佈天下，視進步之

---

[24] 夏新華等整理：《近現代中國憲政歷程：史料薈萃》，第 42-51 頁，中國政
法大學出版社，2004 年版。

遲速,定期限之遠近。」至此清廷邁出了政治體制改革的第一步。以後兩年,清廷陸續頒發了釐訂資政院官制、改革中央各衙門官制、改革各省官制等上諭,光緒三十四年(1908)八月,慈禧太后和光緒皇帝去世前半個月, 一口之內連頒《欽定憲法大綱》、《議院法要領》、《選舉法要領》、《九年預備立憲逐年籌備事宜清單》四道上諭,年底,又頒發了《城鎮鄉地方自治章程》,預備立憲的路線圖和時間表已配套齊全。晚清數十年來改良主義的君主立憲運動,自此達到一個新的階段。**

> *　　《變法上諭》:「著軍機大臣、大學士、六部、九卿、出使各國大臣、各省督撫,各就現在情形,參酌中西政要,舉凡朝章國故,吏治民生,學校科舉,軍政財政,當因當革,當省當並,或取諸人,或求諸己,如何而國勢始興,如何而人才始出,如何而度支始裕,如何而武備始修,各舉所知,各抒所見,通限兩個月,詳悉條議以聞。再由朕上稟慈謨,斟酌盡善,切實施行。」對此,秋風曾經分析道:「事實上,以清末態勢論,不變法,統治者只有死路一條;變法,卻還可能有一線生機。兩害相權,太后、皇帝做出了明智的政治決斷。中國歷史由此進入了最偉大的『立憲時期』。這個時期是中國、也是全球立憲政治的典範。辛亥革命的成功,不過是這一立憲運動的自然結果。革命者深明此意,所以,革命成功之後,共和政府對清廷的處理極為寬大,民主的政府和國民不會虧待那些為民主轉型作出貢獻的任何人。儘管後來的歷史出現了革命的反復,但此後所有立憲性質的變法努力,都不能不回歸清末。革命再激進,如要證明自己的正當性或避免自己的危機,就不得不以反革命的方式回歸清末。國民黨就是這種回歸的典範——這也正是真正的『革命』

57

的含義。周人的『革命』，英美的革命（revolution），都是俯聽天命，回歸正道。拒絕回歸的革命者，必將消散於歷史的虛空之中。」[25]秋風的這一論斷與我的觀點大體一致，我們都認為清末一系列立憲舉措具有再建共和國的憲法含義，1901 年的《變法上諭》只是一個開始，此後的《預備立憲》、《十九信條》則是這個邏輯在不同的內政外交形勢的延續，而我認為，至 1912 年 2 月 12 日頒佈的《清帝遜位詔書》則是這個改良主義建國與新民的政治邏輯的完成。由此，辛亥革命的革命主義建國與新民和清王朝（以及與士紳共同推進的）改良主義的建國與新民的政治邏輯交匯合流在一起，塑造出兩個或一組新的現代國家——中華民國之憲法性法律。

**　　正像費正清所指出的，「清代從 1901 年到 1911 年的最後 10 年與其說是處於崩潰時期，倒不如說是處於新的開始時期。制度和社會的變革開始較早，而政府災難直到最後降臨。事實上，直到 1911 年為止，中國政府一直按 19 世紀90 年代所宣揚的，但未見成效的那些方案逐步進行重建。皇太后和她的頑固派支持者們在 1898 年解除了光緒皇帝和康有為的權力，但在 1901 年之後卻採取行動實施他們的大部分激進的改進計畫。確實，皇太后和頑固派沒有其他路可走，義和團戰爭表明了純排外主義的破產，而反清叛亂的威脅促使清政府採取創造性的步驟來拯救自己，因此中國政壇上的主要運動就是保守的改革。」[26]

25　秋風：「清末《變法上諭》評注」，見「中國選舉與治理」網及「共識網」。
26　費正清、賴肖爾：《中國：傳統與變革》，江蘇人民出版社，1992 年版，第403 頁。

不過，應該指出，在《十九信條》頒佈之前的一系列清室首肯的立憲變革，包括預備立憲大綱以及各項制度改革，其主導意志還是隱晦不明的，就清室來說，不過是被動應對，為了保持滿清一族的專制統治，並沒有太多現代憲制的精神訴求，因此其制度變革是緩慢的，底線是明確的，還很難將其劃歸進現代中國的憲法敘事，儘管其啟動的制度變革客觀上為現代中國的未來構建提供了演進的契機。相比之下，滿清王室之外的朝野君主立憲派的觀念、舉措和積極進取的改良主義，以康梁、張謇、湯壽潛、湯化龍等人為代表，他們才是另外一個與革命黨人不同的改良主義立憲建國的精神所在，就其宗旨來看，其實又是一致的，即構建新的中華之國家，改良也是一種革命，而且不啻為一種保守的革命或「和平革命」，他們主張君主立憲制，屬於舊瓶裝新酒，完全可以把它們納入現代中國的革命建國的敘事之中。看上去他們與革命黨人的理論與實踐，走的是截然相反的道路，例如，革命黨鼓吹種族革命，排滿匡漢，他們與之針鋒相對，認為鼓吹種族對立不利於體制變革，關鍵是滿漢一家，共塑新民。再如，在立憲建國問題上，革命黨人主張革命建國，他們所謂的革命是狹隘的武裝暴動、起義造反，而立憲派則主張漸進改良，反對暴力，倡導君主立憲。[27]

顯然，在新民與建國兩個方面，改良主義與革命黨人有著重大分歧，但如果從更為廣闊的歷史視野來看，其實它們之間只是方式方法的不同，而建設一個新中國——現代憲制中國的最終目標則是一致的。如果就理想狀態來看，我認為這種改良主義的、保守革命的君主立憲制道路不失為邁向現代中國的一條穩妥之路，它要比革命黨人的極端革命道路，少去無盡的血腥、暴虐和無辜者的死亡，是中國古今之變的政治大變革中一條代價最小的道路。遺憾的是，

---

[27] 張朋園：《立憲派與辛亥革命》，吉林出版集團有限責任公司，2007 年版。

這條道路就其現實狀態來看，並沒有走通。清室的接受立憲改革，不但是完全被動的，而且也是非常虛假的，這個王朝帝制在經歷了輝煌的不世之功之後，晚期趨於沒落，日漸蠻橫和猥瑣，已經沒有多少自我更新的精神元氣。在慈禧去世之後，後繼者們更是在風起雲湧的社會變革中六神無主，毫無主動擔當的勇氣。因此，迫於形勢所推出的預備立憲大綱，不但沒有緩解乃至解決政治變革的問題，反而激化了滿漢對立，重創了朝野改革者的心意，把眾多原先主張君主立憲的支持者們推向革命黨人一邊。

例如，《預備立憲大綱》有關清室的規定具有非常專制的性質：「大清皇帝統治：大清帝國，萬世一系，永永尊戴。君上神聖尊嚴不可侵犯。」此外，君主皇帝擁有召集、解散議會、設官制、統帥軍隊、宣戰媾和、宣佈戒嚴、爵賞、總攬司法等一系列關涉國家基本制度的決斷權力。顯然，這個君主立憲制與現代國家例行的君主立憲制是迥異的，與英國的虛君共和制就不比了，即便與日本明治維新的立憲君主制、俄國沙皇尼古拉二世的立憲君主制相比，也是體用方面皆有所不如，很難說是現代意義上的君主立憲制，不過是披著憲法外衣的絕對君主專制。即便如此不堪，清室還要九年預備期，預備期間的改革清單，固然有諸多可圈可點的憲制進步，客觀上推進了改良主義的制度改革進程，例如，修律與司法改革、普及教育、地方自治，等等，這些關係一個現代國家之憲制構建的基礎建設方面，不但列入清單，而且開始逐步落實，貢獻著實不小，不過從總的方面來看，尤其是在朝廷官制改革這個涉及預備立憲的制度中樞來看，卻是舉步不前，甚至倒退。雖然上諭中宣稱不分滿漢，但實際上根據改革方案任命的內閣總理大臣（即軍機大臣）和內閣政務大臣（即各部尚書），共計 13 人，其中滿族 7 人，漢族 4 人，蒙古 1 人，漢軍旗 1 人。過去各部堂官滿漢平列，經過一番改革卻

成為滿七漢四，而蒙古、漢軍旗實際上一貫依附滿族，漢族不足三分之一。因此，這個內閣被稱為「皇族內閣」。此外，陸軍部是要害部門，尚書鐵良，清一色的滿族貴族。鐵良強調陸軍部有統率全國陸軍之權，迫使袁世凱將練成的「北洋六鎮」交出四個鎮，歸陸軍部統率。1907 年 9 月，湖廣總督張之洞、直隸總督袁世凱同時入調任軍機大臣，明為榮升，實則剝奪了這兩位實力最強的漢族總督的實權。[*]

[*]　說起來，日本的明治憲法也不是優良的現代意義上的憲法，其君主立憲制也具有濃厚的君主專制的色彩，清王朝《預備立憲大綱》大量參考和吸收了明治憲法的內容，按說這對於一個擁有皇權專制主義傳統的王朝改制，也是具有某種合理性的。據五大臣赴洋考察憲政返京後的奏摺中就明確指出：今日大清要實行立憲務必效法日本君主立憲制，載澤在《奏請宣佈立憲密折》中指出要參考日本，就尊崇國體，鞏固君權，設置凡十七條有關鞏固「君主統治大權」的條款。此外，按說對於一個在政治意識、司法制度、治理方式、禮儀民情、生活觀念、普及教育等眾多方面都還非常傳統的清末社會，預備立憲預備期定為九年，這也並不漫長，從某種意義上說，如果本著改良主義的漸進路線，可能時間更為長遠一些，效果或許更好。

問題的關鍵並不在於立憲君主享有多大的專制權力，也不在於五年八年的預備期之長短，而在於朝廷立憲的誠意，在於清王室是否真的本於全體臣民的願望、意志和利益，或本於天下蒼生，誠如《宣示預備立憲論》和《立憲應如何預備施行准各條舉以聞諭》中所言：「時處今日，惟有及時詳晰甄核，仿行憲政，大權統於朝廷，庶政公諸輿論，以立國

家萬年有道之基。」「惟立憲之道，全在上下同心，內外一氣，去私秉公，共圖治理。」正是在這個基於公意的核心原則方面，清王朝的預備立憲大綱在實施之際有違天意民心，失去了信譽。當然，這裏有一個滿漢民族之間的政治關係問題，眾多論者都曾經指出，這個棘手的民族畛域問題，構成了晚清君主立憲失敗的一個致命點。如果清王朝不是滿族，而是漢族君王，或許預備立憲有望可成，日本明治改制，俄國君主立憲，還有英國的君主立憲，這些形式各異的君主立憲制，都沒有類似滿漢畛域這個困擾著中國古今政治轉型的攸關問題。

其實，這個問題在革命黨人那裏是非常明確的，他們的政治決斷已經把滿清排除在立憲建國的視野之外，他們認為當前首要任務是種族革命，「驅除韃虜」，滿清一族無論臣民還是君主，都是種族革命的對象，只有將五百萬滿族逐出中華，四萬萬中國人才談得上立憲建國。但在朝野改良主義維新和立憲派那裏，如何對待滿清卻是一個頗有爭議的核心問題，為此，康梁保皇派與孫中山革命黨在海外日本、美洲和南洋等地方曾經發生了激烈的辯論，國內的士紳立憲派像張謇等人顯然是支持梁啟超的主張，他們認為立憲與排滿沒有關係，皇帝是四萬萬中華臣民之皇帝，而不單是五百萬滿人之皇帝，朝廷應以國家社稷為重，為天下萬民計，清政府務必要打破滿漢畛域，實施君主立憲，滿漢一家，各族平等。看上去道理上是說通的，預備立憲大綱的文本也是根據這個滿漢平等的原則制定頒佈的。然而，朝廷在預備立憲系列法案實施時卻是完全違背了自己的承諾，大搞滿族專權，尤其是滿族內閣之組建在程度超出了預備立憲大綱的底線。面對

滿清王朝的背信棄義，各界人士紛紛起而反對，實力派漢族
大臣心中不滿那是當然，士紳立憲派更是倍感愚弄，張謇、
孫洪伊等各省諮議局領袖，發起組織諮議局聯合會，要求各
省選派代表，三次上書請願，要求取消七年預備期，速開國
會，並籌辦報紙，廣布議論，一時間，民情激憤，怨聲載道。
至於革命黨，則經歷這次事變，一舉扭轉了頹勢，其革命主
張得到回應，各地士紳精英、諮議局成員有很多人開始贊同
革命黨人，主張排滿革命。

上述諸種大大侵害了預備立憲的聲譽，滿清王朝根本沒有立憲
的誠意，原先支持君主立憲的眾多精英人士（士紳、官員、諮議局
議員、地方賢達）轉向同情甚至支持革命黨人，恰恰是在清室的
預備立憲期間，整個社會的民意人心發生重大轉移，反清革命的革
命黨人獲得官宦士紳的普遍支援，成為社會風潮的主導意識。1911
年隨著武昌起義的爆發，西南諸省紛紛宣佈獨立，致使清王朝面
臨空前的危機，迫於當時的急迫形勢，攝政王載灃遂於 1911 年 11
月 2 日頒佈了《憲法重大信條十九條》。在中國（近現代）的立憲
史中，《十九信條》之頒佈是一件具有轉折性意義的重大憲法性事
件，如果說前此的欽定《憲法大綱》以及《預備立憲清單》，其君
主立憲徒有立憲之名，是一種薩托利所謂的「名義性憲政」的話，
那麼《十九信條》所勾畫的君主立憲制，則是一種真正的具有憲政
實質的虛君共和制。學術界關於《十九信條》憲制內容的評議，基
本是一致的，沒有多少分歧，普遍認為這個憲制的憲法勾畫，採取
虛君共和制，實行責任內閣制，對君主獨斷權力作了很大的限制，
實際上是議會君主制，就其文本容來看，比之日本的明治維新的君
主立憲制還要具有分權制衡的憲政意義，非常類似英國的君主立
憲制。*

　　＊　　尚秉和說：「《十九信條》深得英憲之精神，以代議機關
　　為全國政治之中樞，苟其施行，民治之功可期，獨惜其出之
　　太晚耳。倘能早十年宣佈實行，清祚或因以不斬，未可知
　　也！」[28]

　　雖然從文本內容來看，《十九信條》不失為一部優良的憲法性
法律文件，但它卻是沒有權威效力的，頒佈之後旋即就被辛亥革命
的浪潮所中斷，從這個角度來看它最終仍然是一紙具文。也許有論
者以《十九信條》不過是清王室為保持垂亡的封建王朝而玩弄的立
憲騙局，因而從動機論的角度貶低它的憲政意義，對此，我認為古
往今來任何一種政治改革都難免有被動性因素，沒有危機就沒有改
革，尤其是關涉古今之變的王朝政治之變革，而且還關聯種族畛域
問題，所以，動機上的被動與主動與否，不是君主立憲問題的攸關
點。關鍵還在是否實施，即便是被動的立憲，如果是真切而富有成
效地實施了，這個憲制依然是優良的制度。《十九信條》之悲劇在
某種意義上也是「中華人民」的悲劇，即在波詭雲譎的歷史長河中
它生不逢時，頒佈沒幾日，就隨著偌大的滿清帝國在一瞬間倒塌，
因此這個文本上堪稱十分優良的君主立憲制的憲法性文件，轉眼化
為歷史的遺跡。如果沒有發生辛亥革命，中華帝國遵循這部信條的
憲法精神演進下去，未來的中國將是怎樣的，其憲制前景又將是如
何？但如果沒有武昌起義前後革命黨人的艱苦努力、浴血奮鬥，又
何以可能產生如此這般的《十九信條》呢？歷史不能假設，但歷史
研究需要有假設的勇氣，它使我們知曉：人世間的事務，尤其是政
治、憲政，其功敗垂成，除了擔綱者的激情（包括勇毅與意志）、
理性（尤其是審慎理性），還有天意。

---

[28]　陳茹玄：《中國憲法史》，臺北：文海出版社，1985 年版，援引尚秉和語。

　　一般說來，《十九信條》標誌著晚期王朝主導的君主立憲的政治改革達到一個高峰，其從徒有其名的君主立憲制之幌子，一步步深入到這個憲制的堂奧，在極其危機的關頭被動地推出了一個文本上非常優良的憲制勾畫，但伴隨著武昌起義的槍炮，這個改良主義的君憲建國道路似乎戛然而止，餘下的便是辛亥革命發端的革命建國一家之故事了。在中國近現代立憲史的各派研究中，大家似乎都把《清帝遜位詔書》遺忘了，很少有人從憲法學的視角審視這份詔書，幾乎沒人把它視為一份具有憲法性法律性質的文件。[29]然而，在我看來，情況卻遠非如此。現代中國的構建並不是辛亥革命一家的事情，中華民國之創建並非革命黨人只手建立起來的，其肇始時期的構建還有來自另外一條非常重要的改良主義的立憲建國路線的力量，《臨時約法》也不是單獨完備的中華民國立國之憲法（根本法），與辛亥革命相對應的君主立憲之道路也不是在《十九信條》那裏斷然終結，承接其餘緒的還有另外一個憲法性法律文件，即《清帝遜位詔書》。

　　不過，我要指出的是，《清帝遜位詔書》固然接續的是晚清其來有自的改良主義政治變革，尤其是戊戌變法之後一波三折的君主立憲制的變法改制的傳統，但從本質上看，它又並不屬於這個傳統的簡單延續，因為這個傳統是千年王朝政治變革的範疇，是皇權主

---

[29] 歷史學界關於這份遜位詔書的研究，固然很有收穫，澄清了一些史實，但並不具有憲法學的意義。參閱有賀長雄：「革命時期統治權轉移之始末」，載王健編：《西法東漸：外國人與中國法的近代變革》，中國政法大學出版社，2001 年版；劉晴波主編：《楊度集》，海南人民出版社，1986 年版。常安博士近期的兩篇論文：「『五族共和』憲政實踐新論」，載《寧夏社會科學》2010 年第 6 期；「從王朝到民族──國家：清末立憲再審視」，載《政治與法律評論》2010 年卷，北京大學出版社，2010 年版；所論涉及《清帝遜位元詔書》並顯示出一定的憲法學視角，不過尚未展示政治憲法學的深層蘊含，此外，郭紹敏的論文「帝制、共和與中國國家建設：以《清帝退位詔書》為切入點」（未刊稿），從政治學和歷史學的視角對《清帝遜位詔書》給予了富有洞見的研究。

導的變法圖強，因此其最終仍走不出這個沉重的帝制圭臬，失敗或許也是必然的，由此說《十九信條》標誌著這個變法傳統的戛然而止也並不為錯。《清帝遜位詔書》來自這個傳統，但又異於這個傳統，它屬於現代中國的一部分，其實質已經屬於處於肇始之際的新中國——中華民國的一個重要的組成部分，有機地納入這個革命建國的新傳統之中，並且做出了自己的貢獻，它是一個「中國版的光榮革命」。也正因為此，本文才把它視為是奠定中華民國立國之本的憲法性法律文件之一，而不再是清王朝君主立憲制的憲法性法律文件，甚至具有與《臨時約法》同等重要的憲法性意義。

《清帝遜位詔書》釋義

　　數十年來，海峽兩岸的漢語學界鮮有從現代中國之創建的憲法學視角來審視《清帝遜位詔書》，本文前述已經把這份詔書的憲法性地位及其意義多有論定，下面我將具體展開我的論文主題，予以論證和闡發。

《清帝遜位詔書》之頒佈

　　依照通行的歷史學敘事，《清帝遜位詔書》的商議、撰寫與欽定下詔（頒佈），前後情況大致是這樣的。1911 年 10 月 10 日，武昌起義爆發，清王朝朝野震撼，清廷決定派兵鎮壓。無奈陸軍大臣蔭昌（滿族）並無良策，派遣馮國璋領兵討伐，馮係袁世凱手下將領，此次南下用兵自然了無戰功，載灃聽信英國公使朱爾典勸告，請袁世凱出場，任湖廣總督，會同蔭昌節制前方軍事，可是袁世凱並不領情，以「足疾未痊，尚難啟程」為由拒絕。經過一番朝臣權變，袁世凱最終被任命為湖廣總督兼欽差大臣，全權節制前方軍事，並進而掌握朝廷軍政大權。袁世凱是中華民國肇始之際的一個關鍵性人物，無論對於他的歷史評價有何分歧，但他在這場古今之變的攸關時期所具有的中樞作用則是毋庸置疑的。袁世凱掌權後，使用了左右兩手同時並進的政治策略，一方面對南方義軍以及臨時政權採取既軍事打擊又政治和談的對策，造成一種嚴峻而能控制的事態，另一方面對清廷也採取要脅與拱衛的模糊態度，通過上述兩手，把握著控制形勢的主動權。

　　起初，袁世凱在攻克漢口之後，旋即停兵，指派秘使唐紹儀南下議和，其條件是保持清室王權之名，自己行使執政權之實，但這個方案遭到南方革命黨人的斷然拒絕，南方臨時政權堅決主張共和建國，提出的條件是袁世凱如能促成清室退位，就可以做開國大總統。而且，南北議和期間，孫中山回國，臨時參議院制定《中華民國臨時政府組織大綱》，此後又頒佈《臨時約法》，孫中山宣誓就任臨時大總統，現代中國肇始之際的國家體制當為共和國已成定局。鑒於當時形勢，袁世凱面臨著重大的政治決斷，但他頗能與時俱進，最終認同「中華民國」這一現代國家體制。據他後來通過兒子袁克定轉告國民黨人汪精衛說，他不願做死保清室的曾國藩、李鴻章。在獲得孫中山承諾的如果他促使清廷退位，就將臨時大總統權位讓與之後，袁世凱費盡心機謀劃的就是如何促使清廷退位。這當然也不是一蹴而就的，而是非常曲折，有清王室宗親組成的宗社黨的拼命抵抗，有袁世凱策劃的革命黨人暗殺梁璧事件，有姜桂題、馮國璋、段祺瑞等將領上書清廷的要脅，等等。[1]*

> 　　*　　依照青年學者郭紹敏的分析，袁世凱是一個精明的政治家，既然共和為大勢所趨，堅持君主制對他並沒有什麼政治好處，他考慮的是大總統的承繼和「兩方政府如何合併」的程序問題，因為這關切到袁氏共和政府的合法性基礎。而南方義軍尤其是南京政府的孫中山、黃興等人並不認同袁世凱的主張，他們不僅要爭取共和政府的成立，而且要爭奪「正統」地位。經過幾輪談判，先是唐紹儀與伍廷芳代表北南兩方主談，後來袁世凱和孫中山都不滿意他們的代表，直接通

1　參見金沖及：《辛亥革命史稿》，上海人民出版社，1991 年版；唐德剛：《晚清七十年》，嶽麓書社，1999 年版；唐德剛：《袁氏當國》，廣西師範大學出版社，2004 年版。

過電報交接，最後「優待條件」經雙方多次修改，於 2 月 6 日由南京臨時參議院通過最後修正案，並電告袁世凱。2 月 12 日，清帝宣佈退位。雖然清帝宣佈退位，但全國統一政府的組織問題並未解決。按照《退位詔書》，清帝授予袁世凱「全權組織臨時共和政府」之權，也就是說袁氏臨時共和政府的合法性來自清帝的「禪讓」。袁世凱在清帝退位的第二天即發佈組織臨時共和政府的佈告，表明其政權在法理上受禪於清帝：「現在共和國體，業經宣佈，世凱忝膺組織臨時政府之任，力小荷重，深懼弗勝。竊念政府機關，不容有一日之間斷。現值組織臨時政府，所有舊日政務，目下仍當繼續進行」；「現在改定國體，採用共和，業經大清皇帝明白宣佈。」[2]清帝宣佈退位後，袁世凱隨即電告南京臨時政府，宣佈贊成共和：共和為最良國體，世界之所公認。今由帝政一躍而躋及之，實諸公累年之心血，亦民國無疆之幸福。大清皇帝既明詔辭位——業經世凱署名，則宣佈之日，為帝政之終局，即民國之始基。從此努力進行，務令達到圓滿地位，永遠不使君主政體再行於中國。[3]「宣佈之日，為帝政之終局，即民國之始基」表明，只有在清帝退位後，民國才算開始，從而在法理上否定了南京臨時政府的正當性。由此，在1912 年 2 月 13 日這樣一個歷史時點，中國事實上存在南北兩個共和政府：

---

2 「袁世凱關於組織臨時共和政府佈告」(1912 年 2 月 13 日)，中國第二歷史檔案館編：《中華民國史檔案資料彙編》第二輯，第 76 頁；「袁世凱等為改定國體致各督撫等電」(1912 年 2 月 13 日)，中國第二歷史檔案館編：《中華民國史檔案資料彙編》第二輯，第 79 頁。
3 白蕉：「袁世凱與中華民國」，榮孟源等主編：《近代稗海》第三輯，第 24 頁。

南方各省宣佈獨立→南京臨時共和政府（R1）↘

中華民國共和政府（R3）？

清帝（宣佈退位）→北京臨時共和政府（R2）↗

　　因此，下一步要解決的是南北兩個共和政府的合併問題。2 月 13 日，孫中山就辭職引退和推薦袁世凱致電南京臨時參議院：「此次清帝遜位，南北統一，袁君之力實多，發表政見，更為絕對贊同，舉為公僕，必能盡忠民國。」同時提出解職的三個條件：定都南京；新總統到南京就職；新總統遵守南京參議院制定的臨時約法。2 月 14 日，孫中山致電袁世凱「以新總統接事為解職期」。同日孫中山致電唐紹儀，不承認根據清帝《退位詔書》授權成立的北京臨時政府，催促袁世凱南來。2 月 15 日，南京臨時參議院全票推選袁世凱為臨時大總統。2 月 16 日，袁世凱致電南京參議院表示接受。此後，南北雙方就首都設在南京或北京以及袁世凱的就職儀式問題再次博弈。最終以定都北京，袁世凱在北京宣誓就職結束。3 月 8 日，袁世凱將就職誓詞電告南京臨時參議院，並由孫中山在 3 月 9 日通電佈告全國，3 月 10 日，袁世凱在北京正式就任臨時大總統。3 月 11 日，尚未解職的孫中山公佈了南京臨時參議院議決的《中華民國臨時約法》。3 月 16 日，袁世凱完成組閣，得南京臨時參議院批准。3 月 31 日，袁世凱任命黃興為南京留守。3 月 10日至 4 月 1 日是過渡期，兩個「總統」並存，4 月 1 日孫中山解職後，統一的共和政府正式成立。實際上，依照袁世凱的意思是，統一的新共和政府既不是單方面來自清帝禪讓（以及北京臨時政府），也不是單方面來自南京臨時政府，而是兩者的一種妥協或者說合作，而袁是南北統一的聯結

點。[4]袁世凱固然需要獲得南方臨時政府的肯認，但南方臨時政府也需要袁世凱的承認。雖然袁贊同南京制定的《臨時約法》，新政府的內閣組成人員也要經過南京臨時參議院的同意，但是，內閣的核心成員皆是袁氏親信，首都仍設在袁氏的根據地北京，袁氏本人也沒有到南京宣誓就職。袁氏實際上是以南方取「名」（法統）北方取「實」（政權）的方式來實現國家的統一，同時也滿足了他個人的權力慾望。拋卻傳統偏見，我們可以看到，袁氏為了國家統一可謂殫精竭慮，並表現出縱橫捭闔的政治協調能力和政治智慧。

那麼，誰是民國之父呢？如果我們稱共和政府的第一任總統為民國之父的話，從上面的分析只能得出如下結論：袁世凱是中華民國之父。因為袁是中華民國共和政府（R3）的第一任臨時大總統，而孫中山只是中華民國南京臨時共和政府（R1）第一任臨時大總統。中華民國共和政府（R3）固然與中華民國南京臨時共和政府（R1）有承繼關係，但兩者並非完全對應（R3 承繼的是 R1+R2）。當下一般知識人多惋惜孫中山的主動辭職，只是，我們必須清醒地看到，在當時的歷史環境下，孫中山不得不辭職，因為袁世凱是更有威望的政治家。就國內言，立憲派、舊官僚、民族資產階級等各種政治勢力更支持袁世凱而非孫中山，何況袁世凱不僅掌握當時最強大的軍事力量，而且還有著非常靈活的政治手腕。革命黨內部組織和紀律皆十分渙散，而袁世凱及北洋集團構成一個相對強固的權威中心，適應了當時中國政治發

---

4 「袁世凱得到了他想要的一切。他利用『皇帝授權』的保護，組建起了中華民國，並使得衝突各方重新聯合起來，置於他一手掌控之下。」參見：派特南・威爾：《帝國夢魘：亂世袁世凱》，中央編譯出版社，2006 年版，第 29 頁。

展的需要。即使是孫中山本人對袁世凱的政治能力也表現出相當的認同，他曾將袁與自己作比：「維持現狀，我不如袁，規劃將來，袁不如我。為中國目前計，此十年內，似仍宜以袁氏為總統，我專盡力於社會事業，十年以後，國民欲我出來服役，尚不為遲。」[5] 南京臨時參議院在 1912 年 2 月 15 日推選袁世凱為臨時大總統時讚譽袁為「中華民國之第一華盛頓」，並認為「統一之偉業，共和之幸福，實基此日」[6]，這實際上肯認了袁世凱「民國之父」的地位。就國際言，列強和國際輿論支持袁世凱而非孫中山，期望袁為「將來中國之真主人」，此為「吾外人之大幸也」，「於大局最有希望，而得操最後之勝利，以底定中國者，亦惟袁一人而已。」[7] 雖然孫中山在《臨時大總統宣言書》中強調共和政府的對外方針是「與我友邦益增睦誼」[8]，但南京臨時政府一直沒有得到列強的承認，直到南北統一後的袁世凱統治時期，中華民國才得到列強的正式承認。[9]

　　由此可見，在一百年前這個大變革的歷史時期，在此關涉現代國家構建的「立憲時刻」，至少有三個方面的政治勢力面臨著各自的政治決斷，其核心要旨則系於是否認同「中華民國」這一現代共

---

[5] 孫中山：「與某人的談話」（1912 年 9 月 3 日），見《孫中山全集》第二卷，中華書局，1982 年版，第 440 頁。

[6] 「參議院為選定臨時大總統致袁世凱電」（1912 年 2 月 15 日），中國第二歷史檔案館編：《中華民國史檔案資料彙編》第二輯，第 83 頁。

[7] 「歐報對於中國革命之輿論」（一九一二年正月四日），「歐報對於中國革命之輿論」（二月十日），中國史學會編：《辛亥革命》（八），第 497-498 頁、508 頁。

[8] 孫中山：「臨時大總統宣言書」（1912 年 1 月 1 日），《孫中山全集》第二卷，第 2 頁。

[9] 上述分析及有關資料皆援引自郭紹敏：「帝制、共和與中國國家建設：以《清帝退位詔書》為切入點」（未刊稿）。

和國的體制。袁世凱代表的北洋勢力以及清帝辭位後形成的北京臨時政府是一方，革命黨人組成的南京臨時政府，尤其是孫中山這位臨時大總統，也是一方，但是，我們不要忘記了，除了袁世凱、孫中山各自代表的北南政治勢力（兩個臨時政府）之外，在「立憲時刻」還有另外一個第三方，即滿清政權，以隆裕太后、宣統皇帝為主要擔當者的清王室，他們也面臨著一次生死攸關的政治決斷。*

　*　在我閱讀的有限資料中，日本憲法學者有賀長雄撰寫的「革命時統治權移轉之本末」（刊發於北京《法學會雜誌》第 1 卷第 8 號，1913 年 10 月 15 日出版），是唯一一篇從中華民國憲制的「立憲時刻」這個角度來審視《清帝遜位詔書》所蘊含的憲法學之意義的論文。有賀氏通過四個時期的憲制構造分析，對於中華民國之創制給予了富有深度的法理學解讀。在他看來，任何一國之憲法，都必須與其國家的歷史相關，是這個國家現實的社會政治狀況之真實的體現，而不是教條地套用一些基本的憲法原則，例如，英國憲法與美國憲法就有所不同，美國是通過獨立戰爭斬斷了與英國政治的聯繫，從而其憲法完全可以基於民權而創設，但英國的不成文憲法則與傳統有著這樣那樣的傳續關係，因此選擇虛君共和制也是必然的。依照有賀氏之觀點，中華民國的憲法創制，由於其歷史的獨特性，顯然就不可能照搬任何一個西方國家的憲法模式，而是從中華民國的發生學中生長出來，用他的話來說，屬於一個源於中國「革命時刻的統治權」之構建問題。有賀氏在這個問題上非常富有洞見，他首先確立了一個中華民國的「革命時刻」，但是，他並沒有把中華民國的憲法邏輯單純付諸於這個孫中山代表的辛亥革命之一家，在他

看來，這個「革命時刻」包含著豐富的憲法性內容，具體來說，他又用四個時期對這個革命建國給予了政治憲法學（我姑且用我的用詞來稱呼有賀氏的這種分析方式）的分析。

有賀氏在 10 月 10 日武昌起義爆發之後，把「革命時刻」內涵與外延予以擴展，認為第一個時期是「清帝欽定憲法慰諭民軍之時期」，在這個時期，出現了兩個方面的互動，清室頒佈《十九信條》，推出一個虛君立憲的改制體制，並誠意議和，而革命黨人與宣佈獨立之各省代表則拒斥和談，決定組織臨時政府，召開臨時參議會，選舉臨時大總統，制定臨時約法。第二個時期，有賀氏稱之為「君主立憲、共和立憲二者以何為宜付之國民會議公決之時期」，此時清廷委派總理大臣袁世凱全權處理與南方民軍之關係，袁氏指派唐紹儀赴南方談判，討論君主立憲與共和立憲何者為宜等事宜，南方政府堅持共和，不議則決裂付諸戰爭，清廷對此舉棋不定，袁氏則準備在北京召集國會決定何種立憲國體為宜。第三時期是「商議將共和承認與皇室優待各條件交換之時期」，上一時期未果，南方民軍即成立南京臨時政府，孫中山就任臨時大總統，在此情況下，清廷御前會議無果，袁氏決定承認共和立憲，但提出清帝退位之優待條件，南京政府予以同意，並就優待條款展開討論。第四時期是「關乎南北統一條件折衝討論之時期」，這個時期最為複雜艱難，涉及的關鍵問題是未來統一之共和政府的信譽擔保、清帝統治權的移轉之次第、南北兩個臨時政府之法理關係、民國首都之地點、臨時約法之權能等憲法問題，在上述問題上，有些達成了一致共識，有些並沒有達成共識，只是實現了相對的妥協。

有賀氏認為，從 10 月 10 日武昌起義爆發到 2 月 12 日清帝宣佈辭位，頒佈遜位詔書，這個中華民國的國家構建大體告成，「中華民國者由武昌起義首先發端再由前清皇帝讓與權利於是方能得完全存立焉也」，故而「中華民國並非純因民意而立，實係清帝讓與統治權而成」。[10]對此，南京政府承認優待條件，則意味著他們接受了這一事實之法理。但是，清帝讓與統治權的是全體國民，是「將統治權公諸全國，定位共和立憲國體」，既不是讓與袁世凱，也不是讓與孫中山，但如果組織全體國民，需要一個組織機構來發動國會創制憲法，因此在這個問題上，實際上袁世凱的北京政府和孫中山的南京政府，這兩個臨時政府就發生了衝突和爭奪正統權，即誰繼受清帝辭位讓與的統治權。從事實結果和有賀氏的傾向性來看，雖然南北雙方最終達成了妥協，但國內外正式的形式認同還是袁世凱，正像詔書所言由袁氏全權組織臨時共和政府，孫中山在袁世凱承認定都南京、接受臨時約法後，也將臨時大總統讓與袁世凱，所以有氏言「足徵北京所主張之法理關係係全然制勝矣。」最後，有賀氏指出了這場統治權移轉所帶來的三點結論性意見：第一，能將不參與革命不贊同共和之地方暨外藩仍包含於民國領土之內；第二，無須遵據普及選舉法開國民會議；第三，中華民國憲法不必取法於先進共和國憲法。

上述是有賀長雄的基本觀點，對此，我認為他的分析具有政治憲法學的高度，尤其是把革命時刻與中華民國之創制聯繫起來，就清帝遜位、立憲國體選擇、南北臨時政府關係

---

[10] 有賀長雄：「革命時統治權移轉之本末」，載王健編：《西法東漸——外國人與中國法的近代變革》，中國政法大學出版社，2001 年版，第 107-108 頁。

以及妥協折衝之內容展開憲法學的討論，並從比較憲法學的視角揭示了憲法與國情之關係，這些都是富有洞見的，也是符合實際的。但是，有賀氏的觀點也有偏頗，其一是他並沒有深刻理解革命建國與人民制憲這一對政治憲法學的核心概念之與中華民國之創制的憲法性意義，因此對「中國革命」和「中華人民」的歷史內涵知之不深，他所謂的歷史之國情是膚淺的。其二，他對於這個未來的「共和立憲國體」之超越南北兩個政府以及他們的政治主張的深層憲制意義，還沒有恰切的理解，因此只是著重分析了南北政府的政治意圖，尤其是袁世凱執政的法理依據，忽視了遜位詔書以及其所表徵的中國版的光榮革命之憲法價值，實際上，這個憲法學的「革命時刻」是兩種深厚的其來有自的革命傳統之綜合提升，兩種革命之交彙折衝構成了中華民國的「立憲時刻」。但由於第三方的政治力量失之闕如，最終導致中華民國憲制的失敗，對此，有賀長雄似乎沒有任何感覺，由此可見，他這個老外對於中國之歷史國情仍然是知之甚少矣。不過，想到一百年前他就有如此之洞見，今天視之著實令人敬佩。

從當時的情勢來看，武昌起義之後尤其是在南北議和之後，清帝國土崩瓦解，清室已經喪失了統治權力，其垮臺當無疑義，這一點清室上下和士紳百姓都很清楚。但我為什麼在此還要說在這個「立憲時刻」，清室仍然在其中扮演重要的角色，佔據重要的地位，並面臨著一次政治決斷呢？關鍵不在於其客觀上的生死，而在一個「理」字，即國家法統的轉換，究竟是採取一種顛覆性的破舊立新，還是和平主動的遜位禪讓，這個問題關係著中華民國這個現代共和國的立國之本。我們看到，在這個問題上，滿清王室一族所作出的決斷是光榮的、勇毅的和意義重大的，儘管一百年來，清朝統

治專制蠻橫，罪孽深重，劣跡斑斑，但在其退出歷史舞臺之時，卻能夠以這樣的方式「光榮」退位，為未來的「中華民國」和「中華人民」留下一筆豐厚而富有生命力的遺產。我要說清室以這種方式參與了第一共和國的構建，不啻為一場「中國版的光榮革命」，即以自我和平遜位的方式參與到革命建國和人民制憲的憲法主題之中，以自己形式上的死亡，與這個國家和民族共同贏得新生，同時也昭示著自己並沒有真正死去，沒有被歷史之手丟棄到歷史垃圾堆裏。依據時下眾多論者的輕薄之見，當時袁世凱居心叵測、精於弄權，隆裕皇太后以及幼帝溥儀，孤兒寡母，無所依靠，在誆騙和威逼下，戰戰兢兢，為了保全性命，勉強而被迫地同意退位。也許實際情況大致如此，但我要指出的是，所謂歷史的實情只是一個方面，甚至是一層表面現象，而它們背後所蘊含著的可能是更為重大的歷史真實，就這份《清帝遜位詔書》的頒佈來說，癥結就是如此，至於詔書是由何人代為擬寫，清帝和太后處於何種情勢下的迫不得已、理智懵懂，等等，其實已經不甚重要了，我們豈能一葉障目不見泰山。

1912 年 2 月 12 日，清宣統帝愛新覺羅·溥儀奉隆裕皇太后懿旨頒佈了《清帝退位詔書》，宣佈退位，由此結束了滿清王朝 260 餘年的統治。據載，這份遜位詔書由張謇草擬，袁世凱審閱，隆裕太后下詔發佈。[11]其間據說還有一件重要的插曲，即這份草擬詔書送袁世凱審閱，只有一處文字改動為「即由袁世凱以全權組織臨時共和政府」，這處改動具有深遠的憲法意義。《清帝遜位詔書》總體

---

[11] 關於這份詔書的草擬，目前歷史學界尚有爭議，當時坊間有多種傳說，不過一般還是認為係張謇所撰。不過，從政治憲法學的角度看，究竟何人草擬遜位詔書並不重要，重要的是清廷下詔頒佈，它表達的乃是清王室的意志決斷和政治態度，具有自足性的法理意義。參見：唐德剛：《袁氏當國》，廣西師範大學出版社，2004 年版；吳歡：《民國諸葛趙鳳昌與常州英傑》，長江文藝出版社，2010 年版。

上包括四份法律文件，一份是宣統帝「欽奉隆裕皇太后懿旨」頒佈的《遜位詔書》，此外還有三份是在 12 日當天同時頒佈的《關於大清皇帝辭位之後優待之條件》、《關於清皇族待遇之條件》和《關於滿蒙回藏各族待遇之條件》。追溯起來，禪讓退位在中國古已有之，並不新鮮，歷史傳說中的堯舜禹主動禪讓是中國三代以來盛傳的政治佳話。不過，實際上歷史可靠的禪讓退位，卻很少具有堯舜禹禪讓的意味，而是在權臣當朝、皇室羸弱之際被迫將政權轉讓於他人，這類禪讓退位及其《退位詔書》之頒佈大致有數次，大多集中在三國兩晉南北朝時期。例如，東漢獻帝禪位詔、曹魏元帝禪位詔、東晉恭帝禪位詔、劉宋順帝禪位詔、南齊和帝禪位詔、蕭梁敬帝禪位詔、東魏孝靜帝禪位詔、西魏恭帝禪位詔、北周靜帝禪位詔，加上清帝遜位詔，有詔可考的共計十次。[12]

　　表面來看，上述君主退位詔書大體相同，不過是王朝更換的一種特殊形式，但是從本質上，清帝的這次遜位詔書與上述前九次還是有重大不同的，按照現行教科書意識形態化的說法，退位詔書指的是封建時代封建君主宣佈放棄帝位，移交封建國家政權的官方文件，此類文件在中國歷史上共有兩種，一種是封建時代封建君主向權臣移交政權的退位（禪位）詔書，另外一種是封建政權向資產階級政權移交政權的退位詔書，清帝遜位詔書屬於後一種。由於這種史觀對於中國社會分期，尤其是有關封建制的理解與界定與西方封建制的本意相去甚遠，故本文不採用封建制來論述滿清政權，而是採用王朝政治的提法。[13]在我看來，這份表面與歷史上其他退位

---

[12] 參見艾蘭：《世襲與禪讓──古代中國的王朝更替傳說》，北京大學出版社，2002 年版。

[13] 參見馮天瑜：《「封建」考論》，武漢大學出版社 2006 年版；中國社會科學院歷史研究所編：《封建名實問題討論集》，江蘇人民出版社，2008 年版；馬克·布洛赫：《封建社會》，張緒山譯，商務印書館，2004 年版；劉北城：

詔書別無二致的清帝遜位詔書，極大地豐富和擴展了革命建國、人民制憲的內涵，把辛亥革命與晚清立憲這兩條創建現代中國的路線聯繫在一起，共同致力於新的共和國和新的中華人民的構建。從這個意義上看，這份詔書是對傳統王朝政權移交方式的一次革命，尤其對清王朝來說，是對此前數十年自己彷徨猶豫、虛情假意（或反對維新變法或歪曲君主立憲）的改良主義政治的一次自我否定的提升。

《清帝遜位詔書》之憲法價值

退位詔書具有政治與政治史的意義，這一點是無可置疑的，即便傳統王朝政治的皇帝退位詔書也是如此，但這份《清帝遜位詔書》除了具有一般的政治與歷史的意義，還尤其具備憲法的價值意義。這裏所說的憲法，當然不是指古典憲法或中國意義的禮制秩序，而是指現代憲法，即具有奠定現代中國立國之本的憲法。因為現代中國或一般意義上的現代國家，不是一家一姓之王朝，而是共和國，是人民之國家。現代之共和國的立國之本，不是槍桿子式的農民起義、軍閥篡國，也不是傳統上的奉天承運、祖先佑護，而是人民制憲建國，是人民的共同意志通過創制憲法而造就國家政權，因此，人民制憲的憲法無疑是立國之本。就中國來說，現代中國的構建，雖然經歷革命，但革命只是手段，不是目的，在肇始之際革命作為動力因推動了這個國家的創建，甚至廣泛發動了民眾的積極參與（作為資料因），但憲法卻是形式因，惟有通過憲法，一個現代國家——中華民國才構建出來。既然我們說《清帝遜位詔書》以獨特

「中譯者序言」，載安德森：《絕對主義國家的譜系》，人民出版社，2001年版。

的方式參與中華民國和中華人民的塑造,是另外一種意義上的「光榮革命」,那麼其必然就具有憲法的價值意義。

《清帝遜位詔書》不同於一般的憲法或憲法性法律,這份遜位詔書(包括遜位詔書和三份優待條件計四份文件)全文不過一千餘字,不像《臨時約法》是通過臨時參議院正式制定的,而是按照傳統上例行的皇帝退位程序下詔或頒佈的。就其內容來看,它也大不同於一般的憲法,尤其是所謂的憲法律,完全沒有關於國家權力分配、公民權利保障、國家機構職權定位、議會、政府、司法組織與運作等方面的內容,僅僅只是關涉退位緣由、政權傳續、皇帝、皇室優待條件和滿、蒙、回、藏各族優待條件。為什麼本文仍然把這份遜位詔書視為一部憲法性法律文件呢?這又必須回到本文開篇明示以及隨後討論的《臨時約法》兩個憲法短板的問題,即革命建國和人民制憲這兩個根本性的憲法問題上來。我認為,這份詔書恰恰是在上述的「建國」與「新民」這兩個憲法的基本原則上,回應了現代中國之「立憲時刻」的憲法問題,並彌補了《臨時約法》在上述問題的相關缺陷或片面性,從而歷史性地與《臨時約法》體現的革命黨人所開闢的革命主義的建國道路結合在一起,通過導入另外一條改良主義的君主立憲的建國道路,以遜位犧牲的光榮方式,共同在肇始之際構建出一個現代中國——中華民國和現代人民——中華人民。此外,《清帝遜位詔書》還從另外一個維度昭示了一個現代民族國家(國族)如何處理基於傳統政治轉型的「天命流轉」問題,——即便一個現代性的人民共和國,其立國之根基除了「人民主權」之外,是否還有一個天命問題,以及對於中華民國來說,清帝遜位以其和平方式所促成的這個「天命流轉」所具有的啟示性憲法意義。

1.「中國版的光榮革命」

《清帝遜位詔書》的核心主旨是宣佈贊同共和立憲國體,其遜位禪讓的是一個共和國——中華民國,此點是這份詔書的基本精神和核心原則。遜位詔書正文全文短短 369 字,有三處涉及共和政體,全文如下:

> 「奉旨朕欽奉隆裕皇太后懿旨:前因民軍起事,各省回應,九夏沸騰,生靈塗炭。特命袁世凱遣員與民軍代表討論大局,議開國會、公決政體。兩月以來,尚無確當辦法。南北暌隔,彼此相持。商輟於塗,士露於野。徒以國體一日不決,故民生一日不安。今全國人民心理,多傾向共和。南中各省,既倡義於前,北方諸將,亦主張於後。**人心所向,天命可知**。予亦何忍因一姓之尊榮,拂兆民之好惡。是用外觀大勢,內審輿情,**特率皇帝將統治權公諸全國**,定為共和立憲國體。近慰海內厭亂望治之心,遠協古聖天下為公之義。袁世凱前經資政院選舉為總理大臣,當茲新舊代謝之際,宜有南北統一之方。即由袁世凱以全權組織臨時共和政府,與民軍協商統一辦法。**總期人民安堵,海宇乂安,仍合滿、漢、蒙、回、藏五族完全領土為——大中華民國**。予與皇帝得以退處寬閑,優遊歲月,長受國民之優禮,親見郅治之告成,豈不懿歟!欽此。」(黑體字型大小為引者所加)

仔細考察這份遜位詔書,其所包含的清室認同並禪讓於中華之「共和立憲國體」,對於傳統王朝帝制來說,無疑具有「另一種革命」的憲法意義,這個革命不同於辛亥革命之革命主義的「革命」,而是一種「中國版的光榮革命」。

　　首先，遜位詔書明確表示，清室皇帝「將統治權公諸全國，定為共和立憲國體」。此句宣示了這份遜位詔書是將政權轉讓於一個立憲共和國，而不是傳統上例行的皇帝退位詔書將統治權轉讓給另外一個一家一姓之王朝。關於這個核心原則，在《清宣統政紀》中也有明確記載，「甲、關於大清皇帝宣佈贊成共和國體，中華民國於大清皇帝辭位之後，優待條件如左」。由此可見，這一點是這份詔書的核心內容，也是一個必要的條件，也就是說，它對於雙方都有約束力。對此，人們以往僅僅關注有關退位與優待條件的契約性關係的清室一方，即一旦清帝退位，中華民國給予相應的優待，遂有三個優待條件文件，而大多忽視了另外一方，即對於未來的中華民國，清室退位是有前提的，這個前提不是優待條件，而是清帝遜位讓與的對象（接受方）只能是共和立憲之國體，即中華民國——人民的共和國，而不能是另外一個王朝，另外一個一家一姓之皇帝。如果從上述這個具有契約論蘊含的憲法視角來解讀，我們就會發現，這份遜位詔書其所具有的意義是巨大的，它徹底打破了古代千年盛行的王朝帝制之循環更替的傳統，實現了中國政治的古今之變，促使中國從王朝專制統治轉變為一個現代的立憲共和國，而且這個立憲共和國還不是君主立憲制，而是人民的共和制，是詔書明文確定的「共和立憲國體」。*

　　*　　關於組建現代國家的契約論，曾經是西方早期現代政治與法制思想的一個主要內容，自十六世紀以降，在歐洲諸民族國家的興起中，契約論是一個基本的現代國家與政府的理論構建模式。大致說來，自荷蘭思想家格勞秀斯開創了古典自然法的現代轉型之後，契約論基本上有四種路徑的展開：一種是斯賓諾莎的政治契約論，其主導的思想有兩層，一層是人與神的契約，這個人神之間的契約繼承了基督教神學的

神義論傳統，它為人間秩序奠定了神學的超驗基礎，另外一層則是人間政治秩序的契約論，個人（臣民）相互之間通過制定契約，構成社會與政府，其原則是遵循自然法。另外一種是霍布斯的契約論思想，這個思想弱化了乃至消除了神義論的人神契約，而直接就人間秩序，尤其是人間政治的國家構建——現代的世俗世界的政治集合體——利維坦，展示了一種契約論的思想理論，自然狀態下的個人通過相互制定政治契約，組建了一個利維坦式的現代國家。在霍布斯之後，沿著霍布斯的人義論的契約論路徑，又分化出迥然不同的兩種契約論，一個是全面社會化與絕對政治化的法國盧梭的契約論思想，這個契約論把政治社會，尤其是現代國家建立在人民的公共意志和絕對的政治決斷之上，現代國家是基於個人相互讓渡於一個人民的公意所創制建立起來的，契約論是個人相互之間制定契約，把權利轉讓給一個人民主權或現代國家的第三方，這個第三方保障個人作為契約者的生命安全、財產享有以及其他自由權利之實現。另外一個則是有限政府論的為英國光榮革命辯護的洛克的契約論思想，洛克反對霍布斯的絕對國家論，認為人民讓渡的只是部分權利，這個權利組建的是一個有限的政府，而不是絕對的國家，但政府恣意侵犯個人的生命權、財產權、自由權等基本權利時，個人有反抗政府、重組政府的權利。而在霍布斯和盧梭的契約論思想中，政府只是國家的一個部分，個人相互之間訂立的契約是把全部權利轉交給國家，國家因此就具有高於個人的絕對權力，當然，從理想和國家的本性來說，國家有責任創制一個憲法制度和法治政府，以保障個人權利，實現個人制定契約的目的。

就現代中國的思想語境來看,清末民初之際,西方早期現代的各種契約論思想理論也大體傳播進來,例如,康有為的有關論述,梁啟超的創辦報刊和大量撰稿,以及日本的中國留學生刊物,革命黨與士紳群體關於西方世界的啟蒙教育,還有五大臣出國考察所推動的官府和民間對於西學的熱衷,等等,這些都使得人們對於西方的社會契約論思想有所瞭解。但從理論深度上來看,當時的中國政治人物和理論家並沒有深刻把握上述四種路徑的契約論的深層邏輯,以及它們的遞進演變對於構建何種國家體制所具有的實質性意義,因此我們很難從當時的思想背景來考察《清帝遜位詔書》所蘊含的契約論的思想理論架構。如果我們從今天予以歷史性的回顧來看,這份遜位詔書與《臨時約法》一樣,其制定都有一個契約論的現代政治的理論預設,即都是在一種現代性的國家認同的基礎上形成的,相比之下,《臨時約法》的契約論含義更帶有人民民主的代議制性質的契約論色彩,其關於國家的憲法創制是通過人民選舉、議會制憲等日常政治的運作方式體現的,而遜位詔書的契約論含義,則帶有非常政治的契約論色彩,即一個舊制度的君主統治權與未來的人民創制的共和國之間的一種契約性的權力轉讓,這個過程有點像從霍布斯到洛克之契約論的演變過程,傳統的國家權力──舊的皇權王制,它當然不是通過契約論而產生的,但通過遜位詔書,這個皇權王制變成了現代的中華民國,這個非常政治到日常政治的轉型,需要一種人民民主的代議制共和國的保證,雖然這個利維坦還不是代議制民主的國家體制。也就是說,從傳統王朝的君主國家到現代人民的共和國,《清帝遜位詔書》促成並參與其中,不是恐懼革命的槍桿子之暴

力，而是基於對共和立憲的認同以及相互之間的契約性關係，就像洛克的政府論所揭示的，光榮革命後的英國，其國家（利維坦）可以由一個虛君代表，但這個國家的中心機制已經轉移到人民同意的政府體制，契約論的政府論取代了霍布斯的國家論。可以說，《清帝遜位詔書》就大致處於這個轉變的過程，未來的共和立憲國體，應該就是洛克的政府論的架構，其所謂國體是虛擬化的，實質部分是立憲共和的政體架構。

此外，還有一個問題在此需要做些澄清，即「國體」與「政體」概念的引入。《光緒朝實錄》、《宣統政紀》和各大臣奏議中常見「國體」與「政體」這兩個詞，但在其語境中「國體」指「國家體面」或「尊嚴」（如「有傷國體」），「政體」指具體的「政治體制」或「施政或治理辦法」（如「不諳政體」，「無此政體」）。只有到新政最後幾年，在朝廷的文獻中，「政體」才開始有了「國家整體性的政治制度」這樣的意思（「立憲政體」）。追溯起來，國體與政體這兩個詞發生詞義上的演變是在接觸日本「東學」之後，此時清朝大臣不少奏摺出自有東學背景的幕僚之手，甚至五大臣憲政考察報告也是出自梁啟超和楊度的手筆，這些大臣如果不出國，在國內吸收新知也只有看梁啟超等人辦的《清議報》或《新民叢報》，有些策論考題就與之如符節拍。日本政治思想中有悠久的「國體」說，至明治維新經加藤弘之等人改造，來論證天皇萬世一系的政治地位與明治憲政中天皇至高無上的權力，故而他們說「國體」指的是天皇的神聖性和日本國作為「神國」的特殊性，日本的「國體」不可更改，而「政體」指天皇權威之下的各種政治權力的分配和組織方式，政

體可以改變。所以，他們說日本的「國體」是天皇制這種君主制，「政體」是「立憲」這一權力組織方式。他們這麼做有日本明治政治史的特殊背景，即西方各國現代國家憲政的確立無不是以「民權」向「君權」爭權而來，但日本現代國家體制卻是以「君權」擴張的方式而形成的，他們需要為這種迥異於西方政治發展路徑的政治體制進行合法性辯護。結果是他們的「憲政」反而加強和鞏固了「君權」，至於「民權」，在幕府封建時代本來就沒有這樣的觀念，至明治維新中期才出現爭民權的一批人，所以明治憲法頒佈時，由君權以憲法的形式「賦予」了「民權」。

西方自中世紀以來至二戰前的政體（regime）分類基本是君主制和共和制這種兩分法。美國政治中的共和本來是模擬古羅馬共和國，所以其意義原初不是指「民主」，因古羅馬共和國從來就不是一個民主政體，而是混合政體，但在歐洲的政治現實中，「共和」政體卻就是對應「民主」政體，法蘭西共和國並未刻意採用古羅馬共和國的「混合政體」特性，而大英帝國雖有「共和政體」的「混合政體」之實，卻又自擁「君主國」之名。汪精衛說英國實際上是「共和」制度，他此處這麼說的時候，卻又將「共和」對應為「民主」。總的來說，《民報》作者群是用「共和」指稱「民主」政體。日本明治時代的思想家將君主還是共和的選擇視為「國體」之選擇，而非「政體」之選擇。他們所說的「政體」轉而成了「立憲」（君權受限）與「不立憲」（君主專制）的選擇。這和歐美的「西學」政治理論差別很大，他們不僅是橫生出一個「國體」概念，也改變了西學的「政體」分類形式。自此以後經中國留日者引進中國，遂成定論。故梁啟超和楊度

等人論中國政治改革方案時，總是說「但問政體，不問國體」（梁啟超《異哉所謂國體問題者》），意思是「國體」（君主制還是共和制）改不改，不是政治家能夠選擇決定的，而是各種歷史條件決定的，而「政體」（他認為是立憲與專制之別，而實際上明治政體就是一種「立憲專制」政體，梁啟超等人沒有看到這一點）卻是可以主動選擇與設計的。所謂「立憲派」主張「保皇」的基本立場之理論淵源來自這裏（當然他們主張「保皇」還有另一個更重要的理由，即中國是多民族國家這一政治現實）。至民國初年，國體和政體又混為一談，甚至漸漸無人談「國體」。但因為毛澤東早年政治啟蒙來自梁啟超（見《毛澤東自述》），至三四十年代為了與國民黨爭奪天下而尋找國家理論時，重新啟動了「國體」這一概念，但他不再從「君主」對峙「共和」這一有無君主的「形式」意義上談「國體」，而是從國家的「階級屬性」這一國家「實質」來談問題，馬克思原典中應無「國體」之說，但本有國家階級屬性一說，故毛澤東是把梁啟超的國家理論（來自「東說」）和馬克思的國家階級性一說（「西學」）嫁接在一起，搞出了一套中國共產黨的有中國特色的馬克思主義政治學。[14]

　　從上述意義上看，這份契約性的遜位詔書，其基本前提是授予雙方都認同「共和立憲國體」，沒有雙方對此的一致認同，遜位詔書可以說是無效的。我們看到，正是在這一根本點上，雙方達成了共識：建立共和國，這是全體人民的願望、心聲和共同的意志。對此，清室也是知曉並予以承認的，故詔書寫道：「今全國人民心理，

---

[14] 上述關於中國語境中的國體與政體之考察分析，援引和參考了尹鈦博士富有洞見的最新研究成果，參見尹鈦：〈第一共和的誕生〉（未刊稿）。

多傾向共和。」「人心所向，天命可知。予亦何忍因一姓之尊榮，拂兆民之好惡。」鑒於朝廷「重在保全民命」，「應天順人，大公無私之意」（見優待條件中文），故而順乎人民對於共和立憲的訴求，清室皇帝才「得以退處寬閒，優遊歲月，長受國民之優禮，親見郅治之告成」。顯然，這份詔書不僅僅是單方面的被迫退位，而是一份雙方都接受並具有約束力的建國契約，具有憲法性法律的意義，即通過這份詔書，一舉證成了基於民心的人民共和國之憲法性的根基。

應該指出，詔書中多次申明承認這個「共和立憲國體」，不僅是對於革命黨人的國家構建之目的性的某種承認和認同，同時也是對於清王朝自己的改良主義立憲改制的某種肯定和認同。因為革命黨也是要立憲的，它們不是傳統王朝意義上的武裝造反，而是要立憲建國，只不過革命黨一直排斥清政權，把立憲建國與滿清政權對立起來；同樣，滿清王朝十年來也發起、推動和實施過立憲改制，但是這一輪又一輪的立憲改制在很大程度上是被動的和虛偽的，其目的是維護清王朝的專制統治，保持清王室和皇族的存續，但不可否認的是其中也有一股發奮圖強、保國安民的改良主義真精神。這個遜位詔書的「共和立憲國體」從未來中華人民的國家構建來說，又是對於革命黨人的革命立憲和王朝改革派的改良立憲的雙重繼承和超越，即既繼承和超越了革命黨狹義排滿的種族革命的立憲建國，也繼承和超越了體制內頑固守舊於君主專權的君主立憲，而是將它們同歸於一個立憲國體，即「共和立憲國體」，這樣一來，整個中華數十年來貫穿於體制內外相互對決的不同立憲建國（改制）運動被提升到一個新的階段，並最終以和平方式安頓在一個最高的「共和立憲國體」之中。[*]

　*　郭紹敏在他的論文中提供了相關的資料，據悉清帝退位後的第二天，孫中山在致南京臨時參議院的諮文和袁世凱的電報中都使用了「清帝遜位」的說法，實際上默認了清帝退位的禪讓性質。[15]伍廷芳在和談期間的電報中也兩次使用「光榮」一詞[16]，並認為「清廷以爭一君位之故，不惜流全國之血，必為人道所不容」[17]，最佳選擇是主動退位以享受「國民之優禮」和「文明待遇」。對於清帝遜位，袁世凱更是高度讚譽：「現在改定國體，採用共和，業經大清皇帝明白宣佈。凡我國民，須知此次改革，為我國從來未有之期局。非捨故君而代以新君，乃由帝政而變為民政。自茲以往，我中國之統治權，非復一姓所獨擅，而為四百兆人所公有。我中華國民，不論滿、漢、蒙、回、藏何種民族，均由專制朝廷之臣仆，一躍而為共和平等之人民，實我中華無上之光榮，亦世界罕聞之盛舉。」[18]由於清帝係主動贊成共和，故而民國政府要優待大清皇帝，這是一種政治交換（契約）關係。也就是說，《關於大清皇帝辭位之後優待之條件》（以及其他《優待條件》）是憲法性質的文件。《退位詔書》三道聖旨與《中華民國臨時約法》一樣，皆屬於民國的建國文件，

---

[15]　「孫文為推薦袁世凱致參議院咨」（1912 年 2 月 13 日）、「孫文為引退褫袁世凱電」（1912 年 2 月 13 日），中國第二歷史檔案館編：《中華民國史檔案資料彙編》第二輯，第 81 頁。

[16]　伍廷芳：「致南京及各省電」（1912 年 1 月 2 日）、「致南京代表團電」（1912 年 1 月 12 日），丁賢俊等編：《伍廷芳集》，中華書局，1993 年版，第 417、437 頁。

[17]　伍廷芳：「致孫文電」（1912 年 1 月 28 日），丁賢俊等編：《伍廷芳集》，第 460 頁。

[18]　「袁世凱等為改定國體致各督撫等電」（1912 年 2 月 13 日），中國第二歷史檔案館編：《中華民國史檔案資料彙編》第二輯，第 79 頁。

兩者共同構成了共和政府的法理基礎。對此問題，民國政府顧問、日本法學家有賀長雄早在民國二年即發表「革命時統治權移轉之本末」一文進行探討。他從歷史和法理的視角討論了辛亥前後統治權的移轉問題，認為「中華民國並非純因民意而立，實係清帝讓與統治權而成」。[19]

在此，我覺得有必要在革命黨和袁世凱兩種勢力之外，強調一下康有為、梁啟超、張謇等人為代表的中國士紳群體，他們在這場古今改制的歷史大變革中倡導的君主立憲思想以及推動的民間立憲運動，對於這場「中國版的光榮革命」所起到的不可低估的積極作用。[20]康梁發動戊戌變法及其意義在此就不多說了，此後他們在海外所推動的維新改制以及所鼓吹的君主立憲制，對於革命黨的狹義排滿革命，當然是一個建設性的糾偏，從反面促進了革命黨的革命主義的改進，孫中山在臨時大總統宣言書中發表的五族共和思想，如果沒有康梁黨對於狹義排滿的批判，是很難想像的。不過，康有為在辛亥革命前後的一個理論與實踐的短板，是他過於拘泥於君主立憲制了，致使他固守君主這個招牌，不能與時俱進，淪為多少有些反動的保皇派。至於梁啟超，在這個大變革時期，則是處於內心思想觀念的風雲變化之中，反對暴力革命，力主立憲改制，當然是他持守終身的理念，但究竟是君主立憲還是共和立憲，梁啟超在相當一個時期則處於徘

---

[19] 有賀長雄：「革命時統治權轉移之本末」，《法學會雜誌》（北京，1913 年 10 月），收入王健編：《西法東漸——外國人與中國法的近代變革》，中國政法大學出版社，2001 年版，第 108 頁。

[20] 參見費正清編：《劍橋中華民國史》上卷，第五章「立憲共和國：北京政府，1916-1928」，作者曾經對這個士紳群體有過具體的分析，中國社會科學出版社，1994 年版。

徊不定狀態。[21]不過,最終在梁啟超那裏,共和與君主之立憲屬於國體問題,關鍵是政體問題,即如何構建一個憲政體制,他認為國體一經確立便不可輕易變動,過去他主張君主立憲,反對共和革命,但辛亥革命既然已經發生,共和立憲國體既然建立,那麼,就應該持守這個共和立憲國體,基於此他離開了康有為的保皇黨,選擇了與袁世凱合作共建中華民國,也是基於此,他反袁世凱的洪憲帝制,以〈異哉所謂國體問題者〉之檄文配合弟子蔡鍔雲南起兵,一文一武打垮了袁世凱的帝制復辟。

說起來在當時的中國,最具有士紳品質的應該還是首推張謇,作為一個縱跨政、學、商三界的士紳精英,張謇終其一生把自己的事業與中國古今轉型的立憲變革結合在一起,他的立憲事業可以說是典範性地代表了革命黨和清王室大臣之外的另外一股中國民間社會的立憲建國力量和理念。這個以張謇為代表的分佈於朝野、京畿乃至全國各地、成員廣泛的士紳群體,他們的立憲與議會主張,具有積極改良和與時俱進的特徵。一方面他們並不像革命黨的職業革命家們那樣一味鼓吹武裝暴動和排滿反帝,另一方面他們也不像王公大吏的立憲改制那樣固守君主體制和滿族特權,審慎、理性、穩妥和漸進地推進中國的立憲改良,是他們致力於改造中國政治的基本方略。這個士紳群體構成了立憲派的中堅,在辛亥革命之前,他們積極參與清廷的預備立憲活動,鼓吹民權,大力發展工商貿易,宣傳西方法政思想,推動成立諮議局並積極參與諮議局的選舉,在預備立憲陷入僵

21　參見亓冰峰:《清末革命與君憲的論爭》,(臺北)中央研究院近代史研究所專刊(19),1966 年版。

局時，他們又多次發起大規模的請願運動，促使清廷設立資政院，彈劾軍機大臣，要求清廷速開國會，縮短預備年限，等等；在武昌起義之後，他們又紛紛轉為支持共和革命，參與各地的獨立自治與議會選舉，並在南京臨時政府以及各地的自治政府中扮演了重要的作用，可以說，沒有他們的廣泛參與和積極推動，僅靠革命黨人的武裝暴動，是不可能形成一個辛亥革命之唱徹全國的政治圖景的。對此，張朋園在《立憲派與辛亥革命》一書曾經予以全面而細緻的論述，他指出：「立憲派最後捲入了革命。由於失望於清廷，他們放棄了擁護帝制的初衷。此一改變，關係著革命爆發的遲速，因為政治的穩定與否，常視上層社會的心理狀態而定。有社會地位者，不像布衣粗食者，永遠沈默於他人的統治之下。不反抗則已，一旦持反對立場，往往牽動全局。他們所感到的不滿，並非物質的而是心理的。從心底裏發出的反抗，最能動搖整個舊社會的秩序。」當然，士紳立憲派與革命黨畢竟不是一路人，他們在革命後所訴求的是穩妥的社會憲制秩序，並非要徹底打破舊世界，因此，「幾經周折，他們認為革命黨難與共圖大業，只有另尋他們眼中有克裏斯瑪（charisma）的領導者袁世凱。」上述特徵在張謇身上得到充分展示，「張謇在求變的社會裏，是保守中的進步者，所以他的思想不斷有所改進。但他的出身背景和士大夫意識，又使他在進步中不忘保守。」[22]

不過，我認為恰恰是因為張謇的這種保守的改良主義，更為恰切地體現了中國政治古今之大變局中的內在本質，所

---

[22] 張朋園：《立憲派與辛亥革命》，吉林出版集團有限責任公司，2007 年版，第 191、193、99 頁。

以，他曾經反對暴力革命，積極推動清廷預備立憲，參與諮
議局、資政院和責任內閣的建設，一旦革命成為事實，且符
合民意，他又能像梁啟超那樣與時俱進，擁護共和，推動南
北和議，但革命黨人的激進主義，又使他倍感警惕，致使他
鼓動袁世凱折衝革命政權，優待清帝遜位，在共和立憲國體
之基礎上，南北共同構建中華民國，上述種種，並非是士紳
立憲派的政治投機，而是體現了中國政治轉型的的真精神。
正如張謇自己的評述：「一生之憂患、學問、出處，亦常記
其大者，而莫大於立憲之成毀。」直到晚年張謇仍對立憲政
體未能實現深為遺憾：「自清光緒之季，革命風熾，而立憲
之說以起。立憲所以持私與公之平，納君與民於軌，而安中
國億兆人民於故有，而不至顛覆眩亂者也。主革命者，目為
助清，清又上疑而下沮，甲唯而乙否，陽是而陰非，徘徊遷
延而瀕於澌盡。前此遷延徘徊之故，雖下愚亦能窺其微，雖
上聖不能警之寤。」[23]雖然《清帝遜位詔書》由誰草擬並不
重要，但最終出自張謇之手，這也不能不說是天意，從某種
意義上說，晚清立憲二十年，張謇是最有資格草擬《清帝遜
位詔書》的不二人選。我認為他的立憲思想最為真切地表述
了這份詔書的憲法學蘊含，也唯有他的立憲理念，具有容納
乃至熔鑄辛亥革命的革命主義立憲建國理路與清王朝體制
內立憲改制傳統於一爐的廣闊視野。恰恰這部遜位詔書又出
自他手，因此，對於這份遜位詔書的政治憲法學解讀順理成
章地與張謇的立憲建國理念結合在一起，或者說，張謇的立

---

[23] 見張謇：〈年譜自序〉，載《張謇全集》第五卷，江蘇古籍出版社，1994 年
版；另外參見衛春回：「張謇立憲思想剖析」，載《浙江師範大學學報》（社
會科學版）2004 年第 1 期。

憲思想是解讀這份詔書所蘊含的憲法性法律意義的最為恰切妥當的注腳。

其次，這份詔書為武裝起義（革命）恢復了名義，並以非暴力的和平方式參與了革命建國的歷史進程。在前文論述《臨時約法》時，我們就討論了現代中國的革命主義道路，認為這種革命建國的方式對於早期現代的國家是必要的，但是，我們也指出了狹義革命的憲法弊端。就這份詔書來看，清室不再把起義視為叛逆、暴亂，而是認可了革命起義的正當性，因為起義受到人民的擁護和支持。詔書將起義稱為「民軍起事」，看到「各省回應，九夏沸騰，」訴求共和是「人心所向，天命可知」，「南中各省，既倡義於前，北方諸將，亦主張於後」。對此，清帝願遣員與「民軍代表討論大局，議開國會、公決政體」。由此，起義就得到了遜位詔書的正面認同。當然，詔書認同的是旨在建立「共和立憲國體」之目的的起義或革命，而不是其他方式的武裝起義，例如，擁軍割據、自立為王、分裂獨立等形式的武裝暴力行為。*其實，革命黨人的訴求也是革命建國，孫中山早在組建革命黨——同盟會時就提出革命建國的主張。這樣一來，這份詔書與革命黨人的目標達成了一致，取得了和解：凡是旨在構建共和立憲國體的武裝行為才是革命，革命是為了建國，故而革命建國成為雙方一致同意的基礎。

* 前面我曾經指出，在《清帝遜位詔書》之前清室就已經發佈《准開黨禁頒佈特赦諭》（宣統三年九月初九日）：「……黨禁之禍，自古垂為炯戒，不獨戕賊人才，抑且消沮士氣。況時事日有變遷，政治隨之遞嬗，往往所持政見，在昔日為罪言，而在今日則為讜論者。雖或逋亡海外，放言肆論，不無微瑕，究因熱心政治，以致逾越範圍，其情不無可原。茲

特明白宣示，特沛恩綸，與民更始，所有戊戌以來，因政變獲咎，與先後因犯政治革命嫌疑懼罪逃匿，以及此次亂事被挾自拔來歸者，悉皆赦其既往，俾齒齊民。嗣後大清帝國臣民，苟不越法律範圍，均享國家保護之權利。非據法律不得擅以嫌疑逮捕……」此外，還有《資政院總裁李家駒等請准革命黨人按照法律改組政黨折》（宣統三年九月十五日）：「所有此次革命黨人，擬請明降諭旨，准其按照法律改組政黨。」《准革命黨人按照法律改組政黨諭》（宣統三年九月十五日）：「所有此次黨人均著按照法律改組政黨，籍以養成人才，收作國家之用。」[24] 上述清廷發佈的各種文件，確實都在遜位詔書之前赦免了革命黨人的起義造反，但我在此需要指出的是，這些文件與詔書之對於革命黨武裝造反的「正名」仍然有本質性的不同，它們只是從王朝正朔和朝廷法律上赦免了它們的造反罪，並且開放了黨禁，表明了君主立憲的實質性推進，但並沒有認同革命黨人為共和立憲的建國而進行的武裝起義，也就是說，並不認同立憲共和制，這些赦免沒有清王朝的自我革命，即將王朝正朔讓與人民的共和國。所以，上述「正名」是有限度的，名實不符，我認為，只有這個遜位詔書才對於革命黨的革命建國的起義造反、武裝暴動，給予了名實相副的正名和平反，恢復了它們的正當性地位，因為詔書也認同這個革命黨所追求的共和立憲國體，也以這個目標視為遜位的前提，造反起義是為了這個立憲共和國，和平遜位也是為了這個立憲共和國。故而，清帝的遜位詔書與上述清帝的赦免諭等具有本質性的不同。

---

[24] 參見故宮博物院民清檔案部彙編：《清末籌備立憲檔案史料》，上冊，中華書局，1979 年版，第 95、104 頁。

　　雖然雙方都認同革命建國,但革命黨人所理解的革命建國是一種激進主義的、暴力的非和平方式的革命建國,是要通過武裝起義,推翻滿清專制統治,以此構建共和國。而詔書所申明的革命建國,卻是和平方式的遜位,即將統治權移交、轉讓給南北兩方通過「議開國會、公決政體」所確定的「共和立憲國體」。由此可見,詔書並沒有置身未來的共和國構建之事外,反而厘定共和立憲國體之目標,遣員參與商議召開國會,制定憲法,這分明承續著清室一脈的改良主義立憲建國的路線,只不過詔書所表現的這個立憲建國,是對自己過去曾經虛情假意實施的君主立憲制的自我革命,變君主立憲為人民共和立憲。也正因為此,這個和平方式的革命建國,才從另外一個方面彌補了辛亥革命建國的激進性和片面性,並通過這個雙方認同的具有憲法意義的遜位契約,把兩種革命建國的方式融彙在一起,從而深化和完成了中華民國革命建國之構建。經由這場起於暴力起義終結於和平遜位的「革命」,中國政治完成了一次歷史性的古今之變,從傳統帝制轉變為現代民國。對於清室來說,這豈不是一場「中國版的光榮革命」嗎?英國的光榮革命曾經以國王查理一世的頭顱為祭,又經歷了克倫威爾的共和激進主義僭主統治,最終才確立了自由立憲的虛君共和國,而這個中國版的「光榮革命」,則是以清帝的光榮遜位終結,且還輔之以三份優待條件,包括:皇帝但卸政權,不廢尊號,宗廟陵寢永遠奉祀,先皇陵制如舊妥修,並議定優待皇室八條,待遇皇族四條,待遇滿、蒙、回、藏七條。如此結果,豈不是從某種意義上也體現著一種「中華人民」其來有自的政治智慧嗎?[*]

　　[*]　人們大多把清帝遜位視為象徵性的一幕,表明滿清帝國形式上的最後出局,二百六十餘年的滿清統治至此結束。至於革命史觀主導的意識形態歷史學和憲法學,它們則把這

份遜位詔書視為革命黨人的不徹底性之體現，它表明了中國新生的資產階級的階級軟弱，是對於封建主義反動派的妥協甚至倒退。本文不同於上述諸種觀點，甚至與它們相反，我認為以《遜位詔書》這份契約性文件所規定的清帝遜位，是中國歷史上的一個偉大事件，標誌著中國歷史的古今之變以一種「中國版的光榮革命」形式完成了承上啟下的歷史性轉型，這份詔書因此具有憲法性的法律意義和地位，它與《臨時約法》一起承擔了中華民國肇始之憲法性法律的重任。既然說是中國版的光榮革命，那麼首先我們要瞭解英國的光榮革命以及其憲法性意義。光榮革命是英國現代史的中心內容，也是其作為現代國家的聚焦之中心，圍繞著這場持續數十年的革命運動，研究著作可謂汗牛充棟，形成了一個專門的光榮革命史學，其中又產生了多個歷史學派的研究路徑。[25]總的來說，本文大體贊同輝格黨人的英國史觀，但對於這場光榮革命，又部分吸收了休謨所代表的保守主義觀點，即光榮革命固然是一場保守的英國傳統政治的復辟，但

---

[25] 關於英國史，尤其是英國光榮革命史，一直有輝格史觀與托利史觀的對立，前者以麥考萊的《英國史》為代表，後者以休謨的《英國史》為代表，對於主流的輝格史觀，又存在著激烈的辯護與質疑，以哈蘭姆和巴特菲爾德為代表，與此相關的主題涉及英國憲政的起源、人民的自由、國王的權威以及歷史的客觀性與意識形態諸問題。相關文獻浩若煙海，主要經典著作參見：T.B.Macaulay, *The History of England from James II*, London: Macmillan and Co., Limited, 1913-15; D.Hume, *A History of England:From the Earliest Times to the Revolution in 1688*, John Murray, Albemarle Street, 1895; Hallam, *Constitutional History of England from the Accession of Henry VII to the Death of George II*, London: Alex Murray and Son, 1871; H.Butterfield, *The Whig Interpretation of History*, London: G. Belland Sons, 1931；陳思賢：《西洋政治思想史——近代英國篇》，臺北：五南圖書出版公司，2004 年版；裴亞琴：「論輝格傳統及其憲政意義」，北京大學，博士論文。

這個復辟並非反動的倒退，而是舊瓶裝新酒，它以復辟的形式重新塑造了一個新的自由、法治、憲政的現代英國。從政治憲法學的角度看，伴隨著這場革命，英國議會制定了一系列的具有憲法性法律意義的法案，如《寬容法》、《王位繼承法》和《權利法案》，此外，在英國的政治制度中還逐漸形成了一些具有憲法性意義的政治慣例，這些構成了英國所謂未成文憲法的基本內容，由此一個現代的英國憲制和現代國家（英帝國）[26]才真正構建出來。

相比之下，中國古今大變局中的這個清帝遜位以及遜位詔書，其歷史地位和憲法性意義並沒有受到廣泛重視，這是為什麼呢？因為中國版的光榮革命失敗了。之所以會如此，維繫這個遜位詔書的政治勢力——中國的資產階級缺乏獨立自主性，沒有強有力的實力作後盾，而英國的光榮革命，支持其王室復辟的社會政治力量是強有力的新興資產階級，從這個階級論的角度說中國新興資產階級是軟弱的也有一定的道理。不過，需要指出的是，我這裏所說的軟弱，指的是在支持和維護遜位詔書所蘊含的憲法精神的軟弱，而傳統教科書所謂資產階級的軟弱，與我的含義恰恰相反，指的是缺乏徹底掃蕩清帝為代表的封建專制主義的軟弱，以至於還保留了這份狗尾續貂的遜位詔書。如此看來，在現代中國，從辛亥革命開始，革命激進主義是如此暢行，愈演愈烈，和平立憲的改良主義和保守主義是如此軟弱無力，日漸邊緣，《清帝遜位詔書》被掃進歷史的垃圾堆，也就不甚稀奇了。但是，如果我們穿越百年歷史的重重迷霧，就會發現，

---

26 關於作為現代國家的英帝國問題，參見高全喜：「現代政治、民族國家與帝國敘事」，載高全喜主編：《大觀》第 1 卷，法律出版社，2010 年版。

我們過於輕視了清王朝晚年以來的變法改制以及這份遜位詔書所留下的憲法遺產，實際上，下文的分析我將會指出，我們的兩個共和國（中華民國與中華人民共和國）正在分享著這份富有生命的遺產而不自知（或出於理據上的弔詭而不願明示），例如，在當今世界格局中，我們在有關中國主權問題的國際法論爭上，往往義正詞嚴地追溯到清帝國的邊疆版圖，據此捍衛和論證我們中國的國家主權權利，但是，如果我們的國家憲法不能把《清帝遜位詔書》之憲法性精神納入其中，我們今天又有何法理依據伸張自己的主權權利呢？

回到清帝遜位問題上來，翻檢國人對於辛亥革命以及中華民國的研究，仍然把革命鎖定在孫中山等革命黨人的革命定義上，大陸學界的革命史觀自不待說，他們以更為激烈的無產階級革命史觀強化了孫中山等人揭櫫的革命主義建國敘事，即便是臺灣學界，看來也難以擺脫國民黨的革命史觀的影響。例如亓冰峰的《清末革命與君憲的論爭》一書，雖然資料翔實，鏤析分明，但處處透露著褒揚革命派貶低康梁黨的立場；至於張朋園雖然近日曾發文說不要把辛亥革命抬得過高，其經典著作《立憲派與辛亥革命》對立憲派在辛亥革命的重大作用做了客觀深入的分析研究，但其觀點仍然是革命史觀主導的，所以他在該書的結論中曾經指出：辛亥革命何以不是一個成功的革命，這場「革命何以不徹底呢？原因固然很多，其中之一，恐怕就是立憲派人捲入革命之後，使此一運動不能勇往直前；該破壞的未能破壞，該建設的未能建設。就各省迅速宣佈獨立使清廷覆亡方面來看，立憲派自有其貢獻，但是他們的保守終成了革命的一大障礙。北京紫禁城中仍然住著一位『皇帝』，此出於立憲派的安排。以

舊官僚袁世凱為民國元首，亦為他們左右的結果。凡此皆象徵著舊制度的延續，新制度的難以建立。」[27]對於張朋園為代表的這些觀點，我是難以贊同的，尤其是把立憲派的保守性和妥協性與法國革命聯繫在一起，更是令人匪夷所思。在我看來，關鍵的問題在於，中華民國的構建是否應該基於辛亥革命之革命黨的革命正當性之基礎之上。我認為，如果把中華民國或現代中國之興起僅僅落腳在辛亥革命之上，顯然是片面的，這個共和立憲的現代共和國，其構建是兩種革命之折衝、對立以致最終融彙的結果，因此，除了辛亥革命之激進革命外，還有另外一種革命，即立憲派的保守主義革命，或改良主義的變革，這個變革從晚清預備立憲開始，甚至從戊戌變法開始，直到以清帝遜位的和平權力轉讓為終結，恰恰是這個立憲派的改良性的保守主義革命對於辛亥革命所代表的激進主義革命之折衝，才克服了法國革命式的社會破壞性結果，維繫了一個從傳統帝制向現代共和國的和平轉型。何談革命的不徹底性？要之，恰恰是立憲派的保守性和妥協性，才使得兩種革命建設性地聯合在一起，完成了中國政治古今之變的歷史性重任。

其實，關於「革命」，就其傳統含義無非是湯武革命，即為王朝的改朝換代提供正當性辯護，用革命來翻譯英文的 revolution，其實並不符合英文的原意，孫中山從日本借來這個概念，只不過是為了把他的推翻滿清的武裝造反賦予更多的傳統解釋力，為中國士大夫所接受，所以排滿革命一直是革命黨人的理論中心，並由此與康梁的保皇派展開了一

---

[27] 張朋園：《立憲派與辛亥革命》，吉林出版集團有限責任公司，2007 年版，第 193 頁。

系列論戰，至於把武昌起義稱之為「辛亥革命」，這在當時則很少有人這樣使用，把革命與武昌起義聯繫在一起，並大力弘揚所謂的「辛亥革命」，說起來已是非常晚的事情了，直到 1924 年孫中山領導國民黨改組，並留下三民主義以及「革命尚未成功」的遺言，致使國民黨把總理遺教高高舉起，「辛亥革命」一詞才蔚然成風，成為國民黨革命建國的標誌。把傳統的改朝換代改變為現代的民主革命，把排滿革命改變為五族共和，這一對於革命一詞的內涵變更，固然是辛亥革命所發端的革命主義之貢獻，但需要指出的是，這個革命的新意具有所謂訴求徹底性的片面性，如果沿著這條革命路線，其所導致的災難甚至要大於它的貢獻，我們在近百年的中國革命運動史中依然遭受到這種革命激進主義的可怕後果。然而與這條革命路線相對立的，還有另外一種改良主義的革命路線，這個改良主義的「革命」含義，更多的是共和立憲，而非暴力式的改朝換代，從語義上說，它更接近於英國的光榮革命，或者說是 reform，而不是 revolution，即便是 revolution，也不是法國式的，而是英國式的，即限於政治上的「革命」，而非社會革命、文化革命和階級鬥爭。正是基於這個改革的政治意識，立憲派一直反對所謂革命黨的暴力革命主張，梁啟超、張謇等代表人物都有專文辨析革命與改革之含義，主張立憲、議會和責任政府，反對以武裝暴動的方式推翻君主專制制度，而是訴求通過改良、立憲來實現政治體制的變革。其實，這樣一種 reform 的變革，其最終的結果也是達成了一場革命（revolution），即英國式的光榮革命，說起來，這個革命的典型體現就是清帝遜位，以和平的方式將帝制統治權轉讓於共和立憲國體，這不也是實

現了具有現代意義的不同於改朝換代的建國嗎？[28]所以，我認為中華民國之構建，是兩種具有現代性的革命之折衝、協商和妥協性的結果，它們都超越了湯武革命的傳統革命含義，而具有現代共和立憲與民主制憲的正當性理據，從歷史大尺度的視角來看，對於這兩種革命，採取任何一種厚此薄彼的革命史觀都是片面的，現代革命的實質不在於要多麼徹底，而在於是否付諸於憲法，憲法出場，革命退場，這才是一個現代國家之構建的核心原則。

此外，如果從政治憲法學的角度看，這份遜位詔書的憲法性價值與英國光榮革命的憲法性法律文件相比，還有一個義理上的明顯不同，即權利與和平之區別。我們知道，英國未成文憲法以及整個英格蘭古老的法治傳統的基本精神是權利與自由，為光榮革命作辯護的洛克之《政府論》，其核心原則也是個人的權利與自由原則，可以說，權利是英國憲法的基石，這個權利宣言從久遠的《大憲章》時代就開始了。相比之下，在中國的文化與政治傳統中，有關自由與權利的思想以及制度保障是極其稀少的，我們有民本主義傳統，有保民安良制度，但它們與英國的權利和法治相去甚遠，因此，《清帝遜位詔書》這個「中國版的光榮革命」，就其憲法義理上看，所表現出的核心原則也不是英國光榮革命的自由與權利原則，而是和平原則，「和平」是這個中國版的憲法性法律文件的一個基本特徵。

---

[28] 參見梁啟超：《釋革》（1902），載《飲冰室文集之九》；金觀濤、劉青峰：《觀念史研究——中國現代重要政治術語的形成》，香港中文大學，2008年版，第十章「革命觀念在中國的起源與演變」；唐德剛：《晚清七十年》，嶽麓書社，1999年版，第五章「袁世凱、孫文與辛亥革命」；列文森：《儒教中國及其現代命運》，鄭大華等譯，中國社會科學出版社，2000年版，第四部分「殘餘的啟示：儒教與君主制的終結（2）」；漢娜·阿倫特：《論革命》，陳周旺譯，譯林出版社，2007年版，「導言：戰爭與革命」和「一、革命的意義」。

和平與暴力相對立，與戰爭相對立，面對著中華民國肇始之際的革命激進主義，清王室最終選擇了以和平遜位的方式，將統治權轉讓給未來的共和立憲國體，由此避免了頻仍不斷的戰爭烽火和生靈塗炭，這裏包含著傳統中華的不忍之心和忠恕體恤之道。

和平之美德在中國古典的王制中屢屢得到伸張，被視為一種君主的美德，尤其是在那些退位詔書中，這個美德被推到極致，即為了黎民百姓之免遭塗炭，皇帝不惜退位禪讓。《清帝遜位詔書》顯然也秉有這個遺風：「徒以國體一日不決，故民生一日不安。⋯⋯予亦何忍因一姓之尊榮，拂兆民之好惡。是用外觀大勢，內審輿情，特率皇帝將統治權公諸全國，定為共和立憲國體。近慰海內厭亂望治之心，遠協古聖天下為公之義。」顯然，這裏的關鍵還是在於清帝對於「共和立憲國體」的認同及其參與。從歷史上看，無論東方還是西方，一個王朝的建立與崩潰，往往伴隨著刀槍劍戟和殺人如麻，和平在人類政治史中一直是一個理想性的政治理念。人類社會進入現代民族國家以來，平和問題不但沒有消減，反而隨著民族國家主權的凸顯，國內與國家間的「和平」越來越成為問題。[29]中華民國作為一個現代國家，其肇始也面臨著這個問題的困擾，在國際方面，西方列強的帝國主義和殖民主義從 1840 年鴉片戰爭開始，就極大地破壞了中西之間的和平，殖民主義與反殖民主義的戰爭成為中國現代建國的一個重要主題。西方列強的衝擊，促進了中國的王朝改制運動，但這個改制在中國的近現代史上，又是與革命密切相關的，革命成為中國之現代立國的一個強有力手段。正像前面所陳述的，革命是一種暴力，一種推翻王朝專制主義的有力工具，而

29　參見高全喜：「戰爭、革命與憲法」，載《華東政法大學學報》2011 年第 1 期；高全喜：「格勞秀斯與他的時代：自然法、海洋法權與國際法秩序」，載《比較法研究》，2008 年第 4 期。

且後來它在中國又被馬克思主義所階級化，即革命是一個階級推翻另一個階級的暴力工具。我們看到，正是在以辛亥革命為標誌的革命激進主義蔓延擴展之際，《清帝遜位詔書》反其道而行之，以屈辱而又光榮的遜位方式，把「和平」注入了現代中國立國之憲法性法律之中，成為中華民國憲法的一個基本精神。從革命建國到和平建國，《清帝遜位詔書》並沒有像英國光榮革命那樣，通過昭示權利法案、凸顯權利與自由原則而獲得人民的擁護，而是通過昭示平和價值，以遜位禪讓的方式，把一個現代共和國的憲法性蘊含呈現出來。

2.「袁世凱條款」與帝制復辟

《清帝遜位詔書》出現「袁世凱」名字共計三次，且都出現在詔書正文之中，一次是清帝「特命袁世凱遣員與民軍代表討論大局，」另外兩次是「袁世凱前經資政院選舉為總理大臣，當茲新舊代謝之際，宜有南北統一之方。即由袁世凱以全權組織臨時共和政府，與民軍協商統一辦法」。據說袁世凱把原先張謇起草的文字改為「由袁世凱以全權組織臨時共和政府」，且不說這個改動是否真的出自袁世凱之手或手下人為之，但詔書正文中的此句話顯然強調了袁世凱在未來構建中華民國中的中樞作用。這三處「袁世凱」出現的地方，其含義是連貫一致的，明確表示具有雄才大略的袁世凱（前清王朝經資政院選舉為總理大臣），在關鍵時刻（也可以說是新中國之立憲時刻）受命於清室，具有全權組織臨時共和政府與南方民軍（中華民國臨時政府）協商統一建國之方式的權力。

對於這個遜位詔書中的「袁世凱條款」（本文暫且這樣稱之），究竟應該如何看待呢？一般史家的研究多是從政治學的角度，尤其是從事後諸葛亮的角度來切入。由於袁世凱最終以洪憲帝制的失敗

而收場，一世英名，化為泥土，所以追溯起來，袁世凱在遜位詔書中修改草稿，突出和強化自己的權威，無疑是暗藏個人野心，為將來自己稱帝埋下伏筆。[30]依照意識形態化的革命史觀，情況還不僅如此，袁世凱通過篡改清室遜位詔書，把自己打扮成清帝的化身或代表，以此玩弄權術，施展左右兩手，逼清帝退位，打壓革命黨人，成為辛亥革命建國的絆腳石和攔路虎，致使革命成果付諸東流，其歷史罪責不容小覷。在我看來，上述所見，雖然也有一定的道理，但總的來說是片面的，既缺乏歷史的客觀真實性，也沒有看到這個「袁世凱條款」的憲法意義。

　　從法理上看，這份遜位詔書並不是宣佈直接將清帝的統治權移交給南方革命政府，而是指派袁世凱負責與南方民軍談判商議，由袁世凱全權組織共和政府，召開國會，構建「共和立憲國體」。所以，「袁世凱條款」其憲法意義在於組織落實這個遜位詔書中清帝與革命黨人共同認定的中華民國，顯然，這是一場新的共和立憲的革命建國（不同於革命黨人的單方面的革命建國），促使其成，把帝制法統轉化為共和國的法統，是袁世凱條款的憲法責任。在此，「袁世凱條款」的憲法責任具有正反兩個方面的含義：一方面授予袁世凱相當的政治權威，以保證中華民國的憲制得以實施，另一方面也制約著袁世凱的個人野心，即他的權力來自其對於這份詔書的宗旨之忠誠，一旦袁世凱背叛「共和立憲國體」，勢必淪為民國之逆賊，竊國之大盜，全民共誅之。因此，我認為要從這樣一個憲法視野看待「袁世凱條款」。《清帝遜位詔書》一經發佈，孫中山旋即就宣佈辭職，將臨時大總統讓與袁世凱。如果說在此期間革命黨人

---

[30] 參見唐德剛：《袁氏當國》，廣西師範大學出版社，2004 年版；此外，參見數十年來坊間流傳的各種民國時期的回憶錄、報刊札記以及傳記、演義等藝文類作品。

主導的南方政府在《臨時政府組織大綱》和《臨時約法》之間出於黨派私利等刻意製造了總統制與內閣制的制度糾紛，從而為後來的《天壇憲草》之制定以及民國憲法的流產負有主要責任的話，那麼袁世凱後來的帝制春夢則無論如何也是背叛了遜位詔書的契約原則。前者表明當時之革命黨人對忠誠守護由《臨時約法》和《清帝遜位詔書》共同熔鑄的中華民國之革命建國精神，存有利用清帝尤其是利用袁世凱之不當權謀，後者則表明此袁世凱亦非彼袁世凱矣，蔡鍔雲南起兵護法顯然具有捍衛憲法的正當性，理應受到人民的廣泛擁護。*

*　本文在此並不準備詳細論述袁世凱洪憲帝制的過程與結果，而是從政治憲法學的視角，討論一下中華民國肇始與發育期間的一系列帝制復辟的法理得失。首先，袁世凱自我稱帝的這場復辟鬧劇，在法理上完全違背了《清帝遜位詔書》所確立的「共和立憲國體」之契約性憲法原則，也違背了「袁世凱條款」的合法性地位。因為，無論是清帝、南北政府，乃至袁世凱，它們在中國古今之變的大變局中，皆因為這個遜位詔書而共同建立了一種契約性關係，即它們都一致認同未來的國家是共和立憲的共和國，不是君主制，也不是立憲君主制，所以基於這個憲法性契約，清帝才和平遜位，把統治權轉讓出來。一旦遜位詔書頒佈，清帝即退位，中華民國開始，同時也就意味著這個憲法性文件在法理上已經生效，對於任何一方就具有法理上的約束力。任何一方，不但南北和議的政府，還有領導者——民國大總統，乃至遜位的君主，他們都不得再行帝制，帝制復辟是違背遜位詔書的，也是違背這個詔書以及《臨時約法》所確立的共和立憲國體的。「袁世凱條款」之具有憲法性效力，恰恰是因為它賦予

袁世凱領導創建共和立憲國體之權力，袁世凱擅自稱帝，當然是對共和立憲原則的叛逆，是國之竊賊，全民理應共誅之。除了袁世凱的洪憲帝制，在民國期間還有一場鬧劇，即張勳的帝制復辟，把宣統皇帝溥儀抬出來，重新恢復清王朝的帝制統治，應該指出，即便是清帝搞復辟，也是不合法的，因為《清帝遜位詔書》已經把王朝法統轉讓給共和國，並且以其中國版的光榮革命熔鑄於這個未來的立憲共和國之中，完成了從傳統帝制到現代共和國的轉化。張勳的帝制復辟，其抬出來的那個宣統皇帝，早已不再是握有清王朝法統的大清皇帝，而是一個特別身份的個人，（依照遜位詔書的優待條件，僅僅保持宣統的君主稱號等）已經沒有資格恢復帝制，也就是說，在遜位詔書之後，中國之古典王朝帝制徹底而合法地一去不復返了，任何帝制復辟，都是不合法的，也是違背《清帝遜位詔書》之憲法性契約的。

在百年中國的歷史中，伴隨著袁世凱的淪落，孫中山的地位則是日益凸顯，被尊奉為中華民國的「國父」。「孫中山之成為辛亥革命正統甚至『國父』，乃 1927 年以後國共兩黨營建的正統史觀之產品。」[31] 在 1928 年北伐勝利後，國民黨在形式上統一中國。國民黨官方通過形象物化（中山陵的修建）、主義獨尊（三民主義）、符號聖化（總理遺教、奉安大典）、儀式推展（總理紀念周、謁陵紀念）等種種方式重塑孫中山形象，形成獨具特色的「孫中山崇拜」。最終在 1940 年 4 月 1 日，國民政府正式發佈訓令：「本黨總理孫先生，倡導國民革命，手創中華民國，更新政體，永奠邦基，謀世界之大同，求國際之平等，光被四表，功高萬世。凡我國民，報本追

---

31 孫隆基：《歷史學家的經線：歷史心理文集》，廣西師範大學出版社，2004年版，第 49 頁。

遠，宜表尊崇。茲經本會常務委員會第 143 次會議一致決議，尊稱總理為中華民國國父在案。相應錄案函達，即希查照，通令全國一體遵行。」[32]國民黨對孫中山形象的塑造是為了凝聚國民黨黨員和國人意志，建構統一的民族國家認同。「孫中山政治象徵的存在，促進了中華民國的統一進程。即使中共也推崇孫中山，因此，孫中山符號成為抗戰時期國共合作的重要政治象徵。可見，孫中山符號最終成為中國的民族國家象徵，是促成國民國家認同和社會整合的重要政治文化因素。」[33]

值得注意的是，圍繞著民國初年的這兩場（洪憲帝制與張勳復辟）帝制復辟與反復辟的鬥爭，當時的思想界也發生了有關保皇派與立憲派的理論爭論，而且這個爭論早在清帝遜位之前就開始了，只不過到了袁世凱稱帝之時，帝制與反帝制的論戰達到高潮。康有為主張立憲君主制，在辛亥革命之前，他在海外組織保皇黨，與革命黨論爭的一個中心問題就是革不革滿清皇帝的命，康有為認為，異族皇帝能否成為立憲君主制的擔當者是一個關鍵性問題，對於這個問題的解答直指革命黨的排滿革命。對此康有為的回答是肯定的，即滿族君主並非滿族一族之君主，而是五萬萬中華人民之君主，革異族皇帝之命實際上就是革五萬萬中華人民之命，因為中華之所以成為中華，不是靠漢族血緣所維繫，而是靠中華文明來維繫。這個中華文明不分滿漢畛域，滿清王朝二百餘年的統治已經融化於中華文明之禮儀制度的大一統之中，因此，排滿革命是毀我

---

[32] 《國民政府公報》，渝字第 245 號（1940 年 4 月 3 日），第 11 頁，轉引自李恭忠：「孫中山崇拜與民國政治文化」，載香港《21 世紀》雜誌 2004 年 12 月號。

[33] 參見陳蘊茜：《崇拜與記憶：孫中山符號的建構與傳播》，南京大學出版社，2009 年版，第 568 頁；李恭忠：《中山陵：一個現代政治符號的誕生》，社會科學文獻出版社，2009 年版；郭紹敏：「帝制、共和與中國國家建設：以《清帝退位詔書》為切入點」（未刊稿）。

中華。當然，這個中華禮儀制度需要維新，那就是立憲君主制，立憲改制，重建國家，才是恢復中華，光耀文明的根本，至於這個立憲之君主是滿族還是漢族，已經不甚重要了。1912 年清帝遜位之後，康有為雖然不再固守君主立憲制，但他在 1913 年私自草擬的《中華民國憲法草案》中，依然主張「主權在國」，心儀不宣的還是英國的虛君共和制。

民初時期，革命以及共和立憲固然是社會主流的思想潮流，但還是有很多知識精英和士紳官宦對於君憲制存有好感。康有為雖然不喜袁世凱，但他極力鼓吹的孔教會與袁世凱的帝制復辟有著千絲萬縷的聯繫，大力支持袁世凱稱帝的主要是楊度、嚴復、劉師培等所謂籌安會六君子，此外，袁世凱請來的兩位外國憲法學大家，美國的古德諾和日本的有賀長雄，他們也都贊同中國宜行君主立憲制。其中楊度和古德諾的思想具有代表性，在他們看來，中國是一個人口眾多、傳統悠久的文明禮儀之邦，為了抵禦外強凌辱，進行維新改制，實施憲制新政，建立一個現代國家，無疑是十分必要的。但是，這個憲制國家，在中國不可貿然實行，就中國目前的教育、文化和政治、社會等諸多條件來看，不宜實行共和政體，而以君主立憲制為妥。古德諾的〈共和與君主制〉一文只是比較了兩種政體制度的優劣短長，並沒有就中國問題直接給出答案，但其言外之意還是偏重於中國宜行君主立憲制，楊度進一步發揮了古德諾的觀點，他在〈君憲救國論〉一文中把古德諾的觀點予以發揮，乾脆就認為君主制優於共和制，基於中國的政治傳統，參考西方憲制的經驗教訓，中國應該像日本、德國那樣，實施君主立憲制，保持中國傳統政治中的王權威儀，由此凝聚國人之心，統籌國家意志，這種「定於一」的君主立憲制才是未來中華國體的唯一選擇。[*]

* 　楊度在〈君憲救國論〉中為袁世凱的帝制復辟鳴鑼開道，他這樣寫道：「客有問於虎公曰：民國成立，迄今四年，賴大總統之力，削平內亂，捍禦外侮，國以安寧，民以蘇息，自茲以往，整理內政，十年或二十年，中國或可以謀富謀強，與列強並立於世界乎？虎公曰：唯唯否否，不然！由今之道，不思所以改弦而更張之，欲為強國無望也，欲為富國無望也，欲為立憲國，亦無望回也，終歸於亡國而已矣！客曰：何以故？虎公曰：此共和之弊也！中國國民好名而不務實，辛亥之役，必欲逼成共和，中國自此無救亡之策矣！……計惟有易大總統為君主，使一國元首，立於絕對不可競爭之地位，庶幾足以止亂。孟子言定戰國之亂曰：『定於一』，予言定中國之亂亦曰：『定於一』，彼所謂一者，列國並為一統；予所謂一者，元首有一定之人也。元首有一定之人，則國內更無競爭之餘地，國本既立，人心乃安。撥亂之後，始言致治，然後立憲乃可得言也。」[34]

　　對於上述的帝制復辟主張，從中華文明的大勢和古今之變的天命來看，它們顯然是錯謬的，並不代表保守主義的真精神。為什麼呢？因為晚清七十餘年的改良主義維新變法和立憲改制，業已表明這個帝制在內憂外患的危難形勢下，已經沒有能力憑藉自己的王制權威進行徹底的改革，儘管改良主義一直綿延不絕，皇族貴冑內部也有一股真誠改制的力量，但總的來說，這個滿清帝國其皇權王制已經無法守護住自己的體制，革命黨的革命建國有其本於反抗皇權專制主義的必然性與合理性。儘管立憲君主制在英國，乃至在近鄰

---

[34] 楊度：「君憲救國論」，載《楊度集》，湖南人民出版社，1986 年版，第 571、572 頁。

日本，具有現實的可行性與合理性，但在中國，尤其是其中參入了滿漢畛域之辯，則其有效實施則就更為艱難了，以至於最後在辛亥革命的衝擊下，在《臨時約法》的砥礪下，清帝以和平遜位的方式結束了傳統帝制的統治體制，通過契約性的憲法性文件──《清帝遜位詔書》，把權柄交付給一個共和立憲國體，即未來南北和議所成就的中華民國。我前文的全部分析，其宗旨就是要指出這個遜位詔書所包含的真正的保守主義的憲法精神，將其視為「中國版的光榮革命」，──以「革命的反革命」契約折衝或消弭了革命激進主義的片面性，由此，《清帝遜位詔書》與《臨時約法》共同構成了一組具有憲法性價值的法律文件，從而奠定了中華民國初元之際的立國之根基。

可以說這一組（姊妹篇）憲法性法律文件出場，傳統帝制就必然要退場，這是古今之變的天命流轉之正道，只不過幸運的是，滿清帝制的退場，並沒有像某些帝國秩序那樣崩潰掉，以至於君主慘遭殺戮，榮光灰飛煙滅。清室退位卻不是如此，由於其朝野的改良主義傳統，特別是清帝和平遜位與一個共和立憲國體，就使得這個帝國體制退而未退，即形式上清帝所代表的皇權王制徹底消失了，但其所保守的中華文明之遺產以及這個王制所維繫的中國之法統，卻活下來，活在它禪讓的立憲共和國之中。王制之國轉化為人民之國，滿清帝制轉化為共和立憲之中華民國，這才是古今傳承的天命流轉。鑒於此，顯然任何企圖復辟帝制的行為，無論是恢復立憲君主制，還是絕對君主制，是滿族君主制還是漢族君主制，這些種種說辭都失去了意義，尤其是缺乏憲法性理據。帝制問題已經在《清帝遜位詔書》中歷史性地解決了，這份詔書已經證成：其一，不僅滿漢而且滿、蒙、回、藏、漢，五族共和，融為一體，即中華人民；其二，清帝雖已退位，但君主並沒有死，他已經活在共

和立憲國體之中。中華民國的憲法性法律，已然熔鑄著君主制的和平禪讓之光榮，並根據遜位之契約性條件，把君主制下的臣民和疆域國土，提升為權利平等之國民和共和國之國土。所以，康有為、楊度，乃至袁世凱所訴求的那種君主立憲制的「國家理由」（ratio status），[35]完全可以在這份遜位詔書所達成的共和立憲之共和國的範疇內，進一步地予以制度性地落實，而這恰恰是中華民國之天命所系。但是，這些帝制的復辟者們無視中華大變局之天命流轉，寧願要一個死了靈魂的帝制之舊皮囊，把歷史已經超越的東西再撿回來，逆歷史潮流而動，其旋即失敗則是必然的。相比之下，梁啟超、蔡鍔、張謇等人卻表現出卓越不凡的歷史洞見和政治睿智，他們能真正地把握中華歷史古今之變的大道，與時俱進，曾經在機會尚存的時刻，主張立憲君主制，但一旦辛亥革命、清帝遜位，民元之際的立憲共和國初現曙光，他們就立即轉而主張共和立憲，積極參與創制中華民國憲法，既反對革命黨人的革命激進主義，又反對袁世凱後來的洪憲帝制（在此之前他們支持袁世凱的共和立憲政治）以及張勳的宣統復辟，由此看來，他們才是中華民國憲制的真正守護者。

袁世凱和張勳的兩場帝制復辟，在我看來，問題倒不是他們的失敗──這是毋庸置疑的，乃是這兩場帝制復辟為業已遜位了的王權尊崇地位帶來了無可挽回的嚴重損害。本來，對於一個崇尚實用主義的中華傳統以及臣民來說，清帝遜位已沒有什麼微言大義，這份詔書的憲法性價值，也不為人們所看重，不就是一對孤兒寡母在面對南方革命軍的槍炮刀劍和袁世凱軟硬兼施的權謀之下的懵懂之應對嗎？在此，哪有什麼中華民族對於未來命運的深謀遠慮和有

---

[35] 參見許章潤主編：《國家理性》（《歷史法學》第四卷），法律出版社，2010年版。

所擔當的政治決斷呢？歷史學家們大多從歷史事件的層面上對這個遜位詔書的草擬、頒佈過程給予了所謂客觀的記述，尤其是那位曾經在張勳復辟中出場，後來又在日本羽翼下搞過滿洲國的前宣統皇帝溥儀，在晚年的著述《我的前半生》中記錄下他的親身經歷之後，由此人們更有理由了：看，當事人都是這樣說的。*不過，我的看法卻與此不同，我認為上述記敘只是這件歷史大事的一個方面，並不是全部內容，它還有另外一個方面，這個方面的意義遠遠超出了當事人（隆裕太后、宣統帝以及袁世凱等）的言行所及之範圍，而是隱含著清王朝二百餘年的歷史宿命，關係著清末革命主義的立憲建國運動和改良主義的變法改制活動之交融與提升，這個具有歷史與政治哲學之意義並關係著中華人民古今之變的天命流轉問題，又豈是一二個當事人所能窺測了的。

> *　　溥儀這樣寫道：「有一天在養心殿的東暖閣裏，隆裕太后坐在靠南窗的炕上，用手絹擦淚，前面地上的紅氈子墊上跪著一個粗胖的老頭子，滿臉淚痕。我坐在太后的右邊，非常納悶，不明白兩個大人為什麼哭。這時殿裏除了我們三個，別無他人，安靜得很，胖老頭很響地一邊抽縮著鼻子一邊說話，說的什麼我全不懂。後來我才知道，這個胖老頭就是袁世凱。……袁世凱回到北京後，不到一個月，就通過奕劻在隆裕面前玩了個把戲，把攝政王擠掉，退歸藩邸。接著，以救濟軍用為名擠出了隆裕的內帑，同時逼著親貴們輸財贍軍。親貴們感到了切膚的疼痛，皇室的財力陷入了枯竭之境，至此，政、軍、財三權全到了袁的手裏。接著，袁授意駐俄公使陸徵祥聯合各駐外公使致電清室，要求皇帝退位，同時以全體國務員名義密奏太后，說是除了實行共和，

別無出路。我查了這個密奏的日期，正是前面提到的與袁會面的那天，即十一月二十八日。由此我明白了太后為什麼後來還哭個不停。……溥偉拿出日俄戰爭中日本帝後以首飾珠寶賞軍的故事，勸請太后效法。善耆支持溥偉的意見，說這是個好主意。隆裕說：『勝了固然好，要是敗了，連優待條件不是也落不著了嗎？』這時優待條件已經由民清雙方代表議出來了。……宣統三年舊曆十二月二十五日，隆裕太后頒佈了我的退位詔。一部分王公跑進了東交民巷，奕劻父子帶著財寶和姨太太搬進了天津的外國租界。醇王在會議上一直一言不發，頒佈退位詔後，就回到家裏抱孩子去了。袁世凱一邊根據與南方革命黨達成的協議，由大清帝國內閣總理大臣一變而為中華民國的臨時大總統。而我呢，則作為大總統的鄰居，根據清室優待條件開始了小朝廷的生活。」[36]溥儀的這部出版於 1964 年的回憶錄讀來雖然使人心碎，但其毫無任何歷史洞察力的敘述也令人倍感遺憾和慨歎。

我在多篇文章中曾經多次指出，政治歸政治，文化歸文化，這個區分在歷史轉型時期尤為必要。本來，在民國初年，在政治上中國正經歷古今之變的大變局，共和立憲國體成為人民的共同政治意願和抉擇，滿清帝制不可能再持續存在下去，而且，清帝遜位詔書已經非常明確地將政權禪讓於中華民國，並以其和平遜位的方式加入了這個大變局，成為共和國的一個內在的組成部分。因此，任何帝制復辟都是違約的倒退，是對中華民國的背叛，而且也是對遜位君主的背叛。但文化、文明以及煌煌千年中華之燦爛典章禮儀、道德文學等等，卻完全可以為中華民國富有生命地傳承，甚至還可以

---

[36] 愛覺新羅‧溥儀：《我的前半生》，群眾出版社，1964 年版，第 36-45 頁。

主動而有意識地凝聚於中華人民對遜位王室的光榮尊崇之中。[37]實際上，遜位詔書中的清帝和王室優待條件，已經明確規定了上述內容，並且具有著憲法性的意義。但是，兩次復辟卻將這個原本在共和國之政治基礎上的具有著偉大前景的傳統文化事業徹底毀掉了，這不能不說是中國文化的悲哀。袁世凱、張勳的復辟固然是對中華民國之憲法性法律的背叛，但中華民國中的革命激進主義也好不到哪裡，他們在反對帝制復辟的鬥爭中，並沒有保持中道，以中華文明為根本利益，以和平、正義之活的憲法精神為反復辟的指導原則。那些激進的中華民國的所謂捍衛者，他們大力蠱惑起人民的革命激情，以所謂痛打落水狗的精神，將遜位帝制的尊榮一掃而光，徹底蕩平。最後，當軍閥馮玉祥用刀槍把遜位清帝趕出故宮之時，這件標誌性的武力行為不但嚴重違背了遜位詔書的憲法性法律，而且也斬斷了中華民國與傳統帝制之間曾經通過遜位詔書所發生的契約性聯繫，斬斷了兩個政治體之間的最後臍帶，把這個王室所可能維繫的傳統文明之尊儀和光榮一起徹底消滅了。*

　　*　　針對民國政府違背優待條件把退位清帝逐出故宮之事，頗有意味的是，當時在眾多的抗議中，著名的自由主義旗手胡適的聲音最為醒目，在致外交部長王正廷的公開信中，胡適指責民國政府缺乏信義：「我是不贊成清帝保存帝號的，但清室的優待乃是一種國際的信義，條約的關係。條約可以修正，可以廢止，但堂堂的民國，欺人之弱，乘人之喪，以強暴行之，這真是民國史上一件最不名譽的事。」[38]此外，

---

[37]　參見林志宏：《民國乃敵國也：清遺民與近代中國政治文化的轉變》，臺灣大學，博士論文，2005 年，該博士論文收集了大量的有關資料，從中可以窺見民國初年時期的社會與文化風情以及國人價值觀念的複雜性。

[38]　胡適：「致王正廷」，耿雲志等編：《胡適書信集》（上），北京大學出版社，

在張勳復辟失敗一年多後,前清京官梁濟因對共和失望而自殺。梁濟認為:「中華改為共和,係由清廷禪授而來,此寰球各國所共聞,千百年歷史上不能磨滅者也。……今民國七載於茲,南北以爭戰而大局分崩,民生因負擔而困窮憔悴,民德因倡導而墮落卑污,全與遜讓之本心相反。」梁濟並不是復辟分子,也並非純因殉清而死:「殉清國而不止於殉清國,兼中國亦包括在內也。」至於王國維之投湖自盡,究竟是殉清還是另有緣由,尚不清楚,但其對於民國政府將溥儀逐出故宮則是極不贊同的,這從他針對北京大學考古學會發表《保存大宮山古跡宣言》而致信北大考古學會,認為他們對清室出賣文物的指責極不公道,「侵犯道德法律所公認為社會國家根本之所有權」就可看出。[39]

3. 三個優待條件及憲法與文化蘊含

與《清帝遜位詔書》一同頒佈並作為其內容之一部分的是三個優待條件,綜括起來如下:

朕欽奉隆裕太后懿旨:前以大局阽危,兆民困苦,特飭內閣與民軍商酌優待皇室各條件,以期和平解決。茲據覆奏,民軍所開優禮條件,於宗廟、陵寢永遠奉祀,先皇陵制如舊妥修各節,均已一律擔承,皇帝但卸政權,不廢尊號。並議定優待皇室八條,待遇皇族四條,待遇滿、蒙、回、藏七條。覽奏尚為周至。特行宣示皇族

1996 年版,第 345 頁。

[39] 參見梁濟:《梁巨川遺書》,華東師範大學出版社,2008 年版,第 53-54 頁;曾亦:《共和與君主:康有為晚期政治思想研究》,上海人民出版社,2010 年版;周明之:《近代中國的文化危機:清遺老的精神世界》,山東大學出版社,2009 年版。

暨滿、蒙、回、藏人等，此後務當化除畛域，共保治安，重睹世界之升平，胥享共和之幸福，予有厚望焉。欽此。

甲、關於人清皇帝辭位之後優待之條件：

今因大清皇帝宣佈贊成共和國體，中華民國於大清皇帝辭位之後優待條件如左：

第一款　大清皇帝辭位之後，尊號仍存不廢，中華民國以待各外國君主之禮相待。

第二款　大清皇帝辭位之後，歲用四百萬兩，俟改鑄新幣後，改為四百萬元。此款由中華民國撥用。

第三款　大清皇帝辭位之後，暫居宮禁，日後移居頤和園。侍衛人等照常留用。

第四款　大清皇帝辭位之後，其宗廟、陵寢永遠奉祀，由中華民國酌設衛兵妥慎保護。

第五款　德宗崇陵未完工程，如制妥修，其奉安典禮仍如舊制，所有實用經費，均由中華民國支出。

第六款　以前宮內所用各項執事人員可照常留用，惟以後不得再招閹人。

第七款　大清皇帝辭位之後，其原有之私產，由中華民國特別保護。

第八款　原有之禁衛軍歸中華民國陸軍部編制，額數俸餉仍如其舊。

乙、關於清皇族待遇之條件：

一、清王公世爵概仍其舊。

二、清皇族對於中華民國國家之公權及私權與國民同等。

三、清皇族私產一體保護。

四、清皇族免當兵之義務。

丙、關於滿、蒙、回、藏各族待遇之條件：

今因滿、蒙、回、藏各民族贊同共和，中華民國所以待遇者如左：

一、與漢人平等。

二、保護其原有之私產。

三、王公世爵概仍其舊。

四、王公中有生計過艱者，設法代籌生計。

五、先籌八旗生計，於未籌定之前，八旗兵弁俸餉，仍舊支放。

六、從前營業居住等限制，一律蠲除，各州縣聽其自由入籍。

七、滿、蒙、回、藏原有之宗教，聽其自由信仰。

從歷史來看，關於這三個優待條件的達成，南北兩個政府（即南京臨時政府和北京袁世凱統治集團，該集團在清帝遜位前還不能說是獨立的政府機構，只是在清帝遜位後，才成為一個臨時政府，有待與南方臨時政府商議組建中華民國政府）之間曾經展開過多次商談，最終形成這個文本。從憲法學的角度看，整個《清帝遜位詔書》包含兩層契約性關係，第一層，作為核心原則的是前面本文分析的對兩方（清帝以及滿清王室與未來的南北商議組建的「共和立憲國體」以及民國政府，但這個政府實際上又在相當的程度上分化為南京臨時政府和北京臨時政府兩部分）都具有約束力的有關清帝統治權的禪讓條件，即共同遵奉將清帝權力轉讓於一個「共和立憲國體」。在此基礎上，還有一層契約性關係，即清帝讓渡權力的三個具體的優待條件，從這份遜位詔書的憲法性意義來看，這三個優待條件是基於上述第一個契約性條件之上的，這個關於未來國家性質的契約性規定是三個優待條件的基礎，這一點分別在三個優待條件的前言中已經寫的很清楚。例如，在關於第一和第二兩個優待清帝和清皇族的前言中，特別寫道：「今因大清皇帝宣佈贊成共和國

體，中華民國於大清皇帝辭位之後優待條件如左」，在第三個優待滿、蒙、回、藏各族條件的前言中這樣寫道：「今因滿、蒙、回、藏各民族贊同共和，中華民國所以待遇者如左」。由此可見，之所以優待清帝、清皇族和滿蒙回藏各族，是因為他們俱都贊同共和立憲國體，並轉變為中華人民的一部分。可以說，只有他們參與到這個中華民國的現代國家之構建中，中華民國之作為共和國以及主權、人民、土地等作為這個共和國的核心構成要素才堪稱完備，才說得上是一個現代民族國家，而且是一個傳承了滿清帝國之地域、族群和人口的現代國家。所以，從憲法學的視角看，正是因為《清帝遜位詔書》把如此豐厚的所屬財富（物質的和精神的）和平轉讓於中華民國，所以後者給予前者一定的優待條件，才是成立的、合法的和具有正當性的。

但是，正像這份遜位詔書的正文只能被視為一份具有憲法性法律性質的宣言性文件，而不能被視為一份標準的憲法一樣，三個優待條件儘管作了三種分類性質的區分，並具體規定了一些相關條款，但也仍然不能把它們視為一份嚴格意義上的法律文件，因為它們制定得還是較為籠統、寬泛和難以操作。其實，中外歷史上在一些重大的歷史轉折關頭都出現過類似的具有原則性的憲法性文件，它們的文字都很籠統、模糊，甚至相互抵牾，看上去難以操作，因為人類的政治史往往會有一些偶然性的突發事變，時間與機會以及當事人的性格及決斷都是難以預計和測度的，而這恰恰是歷史的魅力所在，也是一個有關政治的從非常時期到日常時期之轉變所要面對的問題。辛亥革命和清帝遜位時期從政治憲法學的視角來看屬於中華民國的「立憲時刻」，因此，對於這個時刻所創制的憲法制度有一個從非常政治到日常政治的轉型，說到三個優待條件，其具體的憲法蘊含，要在這個轉型的過程中，通過各種政治勢力的

相互博弈以及妥協性的和解並轉化為一種具體的制度安排，才能成為例行化的可操作性的法律文件。在不同的國家，諸如此類的例行化的法律實踐是不同的，英美法系國家，主要是通過司法判決的先例制度予以解決，大陸法系國家，則主要是通過制定具體補充性條款加以解決，總之，從西方現代國家的法治經驗來看，不論採取何種方式，立憲時刻的憲法性法律只有在日常法治的運作中才能獲得較為妥當的解決。

所以，對於三個優待條件，我們要置於特殊的歷史境況，即從非常政治向日常政治的轉化是否可能的視角，審視其蘊含的憲法性問題。

第一，「優待」概念的憲法性質。一般說來，優待就是特別地對待，即高出平等水準地予以優惠的對待，又可稱之為「贖買」。但從憲法學來看，優待就是特權，即一種特殊的高於平等對待的特權。由於遜位詔書的基本契約性原則，即和平地遜位轉讓出政權，因此，給予相應的優待或給予一定的特權是合理的，也是公正的，這種情況在中外歷史中屢見不鮮。但是問題在於，由於遜位詔書的第一個層次的契約性規定，已經設立了一個基礎性條件，即清帝的統治權禪讓於一個共和立憲國體，那麼，三個優待條件就必須接受這個基礎性原則的檢驗，即它們是否符合這個共和立憲原則。

作為共和立憲的現代國家，其核心原則是基於人民主權，自由平等是人民主權的首要內容，這個公民相互之間一律平等也是作為總綱的基本條款寫進《中華民國臨時約法》裏的，而且在三個優待條件的條款中，關於清皇族、滿、蒙、回、藏各族與漢族一樣享受平等之國民待遇也是寫的很清楚的，如信仰自由、國民平等、私權、公權平等等，這個平等原則當然符合共和立憲之共和國的憲法原則。但三個優待條件所要求的不僅僅是這些平等待遇，還要求一些

特權，例如，要求保持滿、蒙、回、藏各族之原有貴族之身份，保障原有私人財產，要求國家對於皇族不但保持皇族身份，保障原有私人財產，而且免除當兵義務等。這些特權是否符合共和國的公民平等原則呢？如果抽象地看，這些特權當然不符合平等原則，但是，如果我們從非常政治到日常政治的轉型來看，則大體可以說它們還是可以接受的，具有一定的歷史合理性。因為，清王室以及滿蒙回藏各族尤其是其王公貴族，他們在中華民國這個現代的共和立憲國體的構建時刻是做出了巨大貢獻的，這些民族的社會形態與漢族地區不同，與西方的封建制更是不同，基本上還處於部落族群的狀態，在其參與到中華民國的現代國家的構建之過程中，王公貴族確實發揮了重要的主導性作用。因此，給予相應的憲法性的優待或特權是符合立憲時刻的憲法原則的，而且西方諸民族國家的立憲時刻，也有類似的解決方式及其經驗教訓。至於中華民國的政治演變到何種狀態需要重新調整這些優待條件，則是另外一個「憲法律」性質的問題了，一般說來這需要以民主協商的方式予以解決。*

> ＊　首先，我們要從法理上來理解特權。從西方法治的起源來看，法或權利最早實際上就是特權，在封建社會，特權是與公民財產權、自由權、結社權等憲法性權利聯繫在一起的，所以，特權本身對於現代社會的發育和現代民主國家的形成，是起過積極作用的。其次，在西方民主政治的發展中，特權也不是一步就取消的，公民平等首先只是意味著政治與法律上的平等，而且即便這個憲法性原則，也是經歷了一個漫長的過程，例如，美國憲法中的平等原則，黑人與白人之間的平等權利，直到二十世紀中葉才真正得到解決，婦女的選舉權也是到晚近才落實，所以，在現代國家的肇始時期，所謂平等權利，實際上不過是一批白人加富人的特權而已。

我們看到，美國的制憲者便是這些白人特權者的代表，他們是一群匿名的貴族或自然貴族，是這些人塑造了美利堅合眾國。但這並沒有影響其憲法性意義上的自由立國的現代國家之構建，也沒有徹底阻礙西方國家的民主化進程。再次，關於貴族問題，我們知道，美國憲法是明文廢除貴族制的，美國憲法第一條第九款明確規定：「合眾國不得授予任何貴族爵位。」其主要原因在於美國是一個沒有多少歷史傳統的新興現代國家，建國時廢除貴族制沒有什麼障礙，當時的一些保皇派都跑到加拿大去了。但其他西方國家卻並非如此，英國是一個立憲君主制國家，光榮革命後，不但君主存在，貴族也依然存在，並且他們成為英國社會中的傳統文明之楷模。法國的情況較為複雜，大革命時期，貴族制當然被立馬廢除，拿破崙復辟後又恢復了貴族制，後來又遭廢除，存存廢廢，法國之所以沒有建立起一個穩定的立憲體制，無論是立憲君主制還是立憲共和國，其中的一個原因與其在君主制及貴族制問題上的反復不定有關。至於其他國家，如德國、西班牙等，貴族在它們的現代國家的構建中，都發生過或積極或消極的作用。總的來說，貴族問題與該國的歷史傳統有關，並不是一個單純的憲法規範問題，而是一個實質性的政治、經濟與社會問題，與其國家的君主制的存廢有著依附性的關係。就中國古今之變的政治大變革來看，由於中國的第一個現代國家是中華民國，貴族制按理說應該廢除，但是，由於中華民國之肇始，其對舊制度的滿清帝國之革命，採取的是君主的和平遜位方式，因此，處理中華民國的君主及貴族問題，就勢必呈現出一個特別的憲法性形態，具有中國的政治特性。

　　第二，「清帝優待條件」的憲法問題。應該指出，在三個優待條件中，「清帝優待條件」是中心內容，其他兩個優待條件則是附屬性質的，它們的存廢與清帝的存廢有著首尾性的聯帶關係。所以，相比之下，這個優待條件制定的最為具體和繁多，有八個條款，其他兩個優待條件加在一起才十一條，致使很多人把清帝優待條件視為整個遜位詔書的核心內容，以為清帝遜位就是為了這個優待條件（依照溥儀的敘述）。對此，我是不贊同的，我認為把清帝優待條件視為清帝遜位的核心內容是極其片面的，它無視《清帝遜位詔書》的核心是對於「共和立憲國體」的和平參與，我認為對未來立憲共和國的契約性認同才是這份詔書的核心內容或第一個層次的契約性關係。在此基礎上，清帝優待條件才構成了這份詔書的第二個層次的具有憲法性法律文件性質的契約性內容，即在清帝遜位之後民國政府給予一定的優待條件。在此，我要提醒的是，這個優待條件的全稱是「關於大清皇帝辭位之後優待之條件」，以及前言：「今因大清皇帝宣佈贊成共和國體，中華民國於大清皇帝辭位之後優待條件如左」，這些文字都明確表明，清帝的遜位是基於「贊同共和國體」，是「辭位之後」的優待條件，這些都足以顯示出遜位詔書的關鍵是清帝把政權轉讓於共和立憲國體，以後不再擁有帝權。由此看來，清帝遜位實際上取決於兩個性質截然不同的契約性條件，第一個是認同立憲共和國的條件，第二個才是八個條款的優待條件。

　　大致說來這裏又有兩個方面，第一個是優待條件中關於清帝辭位後的財產保護等經濟意義上的憲法問題，這個問題與優待條件的第二、三、五、七、八條款有關，涉及清帝歲用、居住、僕人、護衛費用以及私人財產等內容，這些事項由民國政府負責支付、確定和保障。應該說，這些問題，並不構成嚴峻的憲法問題，既然達成

協議就必須履約，至於費用是否過高、私人財產難以核定，等等，則屬於一般性的「憲法律」問題，可以通過雙方協商甚至通過議會制定特別法案的方式合法化地予以逐步解決。

第二個則是優待條件中的君主尊號以及宗廟、寢陵和祭祀問題，涉及第一、四條款，它們是否存在憲法問題呢？在我看來，這裏肯定存在一個憲法問題，因為它不像其他條款那樣只是涉及物質財富問題，可以用所謂的「贖買政策」或在額度上加減損益來予以解決。這個有關清帝的君主尊號、宗廟和祭祀問題，與國家之性質有關，孔子云：必也正名，名不正則言不順。在古典政治中，正名以及宗廟、祭祀，是一個遠比法律更為根本的制度根基和精神淵源問題，[40]在現代政治中，雖然與國家相關的宗廟、祭祀之顯示方式不同於古典政治，但其意義是相同的，即有關現代國家的成立慶典紀念、民族精神的溯源、建國者的紀念碑、國歌國旗等等，它們其實都屬於這個宗廟、祭祀的政治憲法學範疇。

既然清帝宣佈遜位，但在其辭位後依然還要「尊號仍存不廢，中華民國以待各外國君主之禮相待」，這樣一來，這個優待條款與中華民國之作為「共和立憲國體」在原則上豈不相互抵牾？優待條件導言中有一個解釋是「皇帝但卸政權，不廢尊號。」這意味著在中華民國的管轄範圍之內存在一塊政治「飛地」——故宮或頤和園，它們是一個獨立於中華民國的小型君主國（優待條件中的其他條款給予了這塊飛地的物質和安全上的保障，實際上清帝遜位之後，在故宮就有這樣一個獨立自主的君主國在運行著），[41]對此，憲法學該做如何解釋呢？

40　參見《禮記》、《尚書》；庫朗熱：《古代城邦：古希臘羅馬祭祀、權利和政治研究》，譚立鑄等譯，華東師範大學出版社，2006 年版；高全喜：「戰爭、革命與憲法」，載《華東政法大學學報》2011 年第 1 期。

41　參見愛新覺羅‧溥儀：《我的前半生》，書中對於這個故宮中的小朝廷之機

應該說，清帝優待條件所形成的新情況與名實相副的英國君主立憲制是不同的，英王室的特權——君土稱號、尊儀、特權、國家象徵以及其他相關制度都有相應的憲法性文件以及政治慣例來保障，而中華民國在憲法原則上採取的是共和立憲制，只是在清帝優待條件中以優待條款的方式暗含著某種虛君共和制的影子。中國古代的帝位禪讓，一般來說，前皇帝對於皇帝還是要跪拜的。在西方列國中，梵蒂岡是義大利中的國中國，但它是一個宗教性的天主教教皇國，其國家性質與現代民族國家完全不同，不具有可比性。說起來最為接近的還是光榮革命之後的英國君主立憲制。此外，優待條件中有關優待清帝以及貴族稱號等，三份優待條件都沒有涉及時效問題，這無疑也是一個憲法性問題，遜位君主的子嗣是否也享有同樣的優待？有關清帝的君主稱號以及王公貴族稱號是否可以繼承傳續？等等，這份詔書和三個優待條件都沒有涉及。綜觀三個優待條件，可以看出，它們顯然並非一項嚴格而妥帖的法律文件。對此，我們當然不能將其視為一份日常的法律文件，而應把握其憲法性原則，不必拘泥於具體條款。如果從這個視角來審視這份遜位詔書的優待條件，在我看來，還是可以從中挖掘和開闢出一些重大的有助於中華民國長治久安且有助於傳承古典禮儀文明的憲法性制度的。可惜的是，中華民國不但沒有很好地維護和尊崇這個詔書中的文明價值，守護其內在的憲法精神，反而把這個詔書及優待條件徹底廢除了。[*]

[*] 導致這個結果，說起來民國政府與遜位清帝雙方都有責任，其中又與中華民國歷史上的三次政治事變有關。民國時期與遜位詔書有關的三個重大的政治事件分別是張勳復

制和運作情況均有較為詳細的描述，群眾出版社，1964 年版。

辟、驅逐清帝離開故宮和日本人建立滿洲國。第一個重大事件是 1917 年張勳復辟。在宗社黨、籌安會和北洋軍閥張勳一同發起的這場短暫的清帝復辟事件中，雖然遜位的宣統帝溥儀尚屬幼年，但故宮中的這個小王朝參與此事還是負有違背遜位詔書契約性憲法之責任的。但當時北京執政的北洋系三老馮國璋、段祺瑞、徐世昌並沒有追究溥儀的責任。關於這個事件，復辟失敗前後還是有過一番憲法性的論爭的，康有為等保皇黨曾撰文為清帝復辟辯護，他們認為詔書所宣示的共和立憲之國體，在北洋時期並沒有得到落實。1917 年 2 月，復辟團體中興會發表〈敬告國民〉宣言：「先隆裕皇太后以如天之量，將庶政公之全國，試驗彼等所稱之共和究竟是否適用，不料數年以來，政治擾亂，社會恐慌，財政則益加困難，用人則盡屬宵小，視貪官污吏若柱石，集流民匪類為國會，士夫則廉恥喪盡，婦女則禮法蕩然，法律不施於權貴，教育日趨於衰微，如此現象，國將滅亡。亡國罪魁，豈非共和二字。」[42]復辟失敗後，張勳再次辯解：「我國自辛亥以還，因政體不良之故，六年四變，迭起戰爭，海內困窮，人民殄瘁，推原禍始，固非共和階之屬也。……惟念此次舉義之由，本以救國濟民為志，決無絲毫權利之私攙於其間。」[43]總之，由於民國此時正處於新一輪的軍閥鬥爭，這場張勳復辟以及失敗後的責任追究俱都草草了事。

---

[42] 「中興會扶持清室復辟的《敬告國民》宣言」，中國第二歷史檔案館編：《中華民國史檔案資料彙編》第三輯政治（二），江蘇古籍出版社，1991 年版，第 1258-1259 頁。

[43] 「張勳歷述復辟問題抄電」（1917 年 7 月 18 日），中國第二歷史檔案館編：《中華民國史檔案資料彙編》第三輯政治（二），第 1264 頁。

　　但是這個事情並沒有完結，隨後在直奉軍閥混戰中，1924 年馮玉祥佔領北京，於是發生了悍然派兵將宣統帝逐出故宮的事件，這是民國時期的第二個重大事件。馮玉祥在將清帝逐出故宮之後，國會單方面提出了優待條件修改條款。當時朝野一片譁然，舊派保守主義和新派自由主義俱都表達了嚴重的抗議。但不久統一了全國的蔣介石國民政府，不但對於馮玉祥沒有追究責任，而且宣佈定都南京，把北京改名為北平，這些舉措背後蘊含著一個很深的立國法理，即重鑄中華民國歷史，將中華民國之正統奠基於孫中山辛亥革命之南方政府的法理基礎之上，由此推翻袁世凱所企圖確立的北京中華民國之正統地位。因此，《清帝遜位詔書》之憲法性地位也就大打折扣，當然為了接續滿清帝國之領土疆域以及滿、蒙、回、藏各族歸於中華人民，表面上蔣介石並沒有徹底否定遜位詔書，但這個國民黨的國民政府只是工具性利用詔書，實質上並不認同遜位詔書所確認的共和立憲之國體，而是繼承了孫中山的革命激進主義，並且遵循孫中山之遺教，把中華民國嫁接於黨國體制之上。顯然，這個革命黨的黨國之中華民國，與清帝遜位時期所共同塑造的中華民國肇始之共和立憲的中華民國，已經判若雲泥。所以，1928 年發生的國民革命軍第 6 集團軍第 12 軍軍長孫殿英盜挖埋葬乾隆和慈禧的清東陵這一違背詔書清帝優待條件第四款的重大憲法性犯罪事件，也就不會得到南京國民政府的嚴懲。

　　第三個重大事件便是溥儀在 1932 年 3 月公然投靠日本軍國主義，出走東三省，成立傀儡政權——滿洲國，此舉當然是對中華民國的可恥背叛，也是對滿清王室的二百餘年中

華帝國之統治法統的背叛,更具體一點說也是對《清帝遜位詔書》之憲法性原則及其共建「共和立憲國體」的背叛。由於這一背叛行徑,遜位詔書以及優待條件最終失去任何效力,人們之所以遺忘了這份文件,其主要原因當然是溥儀投靠日本成立滿洲國這段歷史。但如果我們放眼中華民國之歷史,可以看到,這個民國也發生了一些對於民國肇始之際的共和立憲之憲法精神乃至中華人民之文明精神的背叛,國民黨南京政權已經變色,不再是臨時約法與遜位詔書所共同鑄就的中華民國之共和國,已經淪落為一個獨裁的黨國體制。據悉,「九一八事變」後,日本欲扶植溥儀在東北成立傀儡政權「滿洲國」,蔣介石政府急忙派人接洽溥儀,試圖以恢復「優待條件」安撫之,卻遭到溥儀的冷眼:「國民政府早幹什麼去了?優待條件廢了這麼多年,孫殿英瀆犯了我的祖陵,連管也沒有管,現在是怕我出去丟蔣介石他們的人吧,這才想起來優待。」[44]

歷史不堪回首,對於上述三次涉及遜位詔書的重大事件,我們已經不能簡單地用對與錯予以應對,某種意義上說,它們關乎一個現代的中華民國之人事與天命問題。本文試圖從遜位詔書中發現和挖掘中華民國肇始之際的制憲建國之精神,並且揭示蘊含其中的由兩種力量所熔鑄的「革命之反革命」的憲法精神,無非是為了今天對於我們的政治有所警示。當然,這個已經恍若雲煙的中華民國肇始之憲制及其精神,並非完備良好,哪像英國之光榮革命那樣令人慶倖?在我們的第一共和國,兩種制憲力量並沒有完成良性地結合,革命的激進主義佔據主導──竟效法蘇俄,創建黨

國體制,而保守主義的軍政旗手——袁世凱最終也是包藏禍心,搞起洪憲帝制,看來悠悠天命註定了兩種力量之領袖人物終究缺乏一種像華盛頓、林肯那樣偉大的心靈,致使這場穿越古今之變的政治大變局在開了一個好頭之後,旋即淪入深淵泥潭,所謂「中國版的光榮革命」之最終失敗,看來也是極其無奈的事情。

儘管這份《清帝遜位詔書》及三個優待條件確有明顯的憲法性問題甚至與中華民國之共和立憲的基本原則相抵牾,我為什麼仍然還要說它們蘊含著重大的憲法性乃至中華文明的價值呢?這裏涉及中國三千年古今之大佈局中的一個不期而然的憲制塑造問題,或許可以說,這裏本來隱含著一個前所未有的機遇,然而,由於諸多原因,這個百年未有之機遇擦肩而過,不再復返。我們知道,在中國從傳統皇權專制主義到共和立憲的現代民主共和國,一直有兩個立憲改制的路線及其它們相互之間的鬥爭,一種是革命激進主義的人民制憲建國路線,一種是改良主義的立憲君主國路線,按照我前面的分析,這兩個路線都沒有徹底通過自己的獨立自主地實踐,構建出一個新的現代中國,而是通過一種和平的合作方式,即發端於辛亥革命終結於清帝遜位而構建出一個中華民國——第一個現代性的中華人民之共和國。由於這場中國古今之變的多種力量之參與,因此其制憲建國的方式,就不是那種單純基於人民革命的制憲建國,而是保留了一些舊傳統,例如遜位詔書附屬的三個優待條件,尤其是清帝優待條件,它具有某種准虛君共和制的形式,這顯然與共和國的人民主權和人民民主原則相抵牾。但是,我在此要說的是,這種情況對於中華民國來說,對於歷經古今之變的中國現代憲制來說,不但不是一件壞事,一件使共和國蒙羞的事情,反而是一件好事,一件千載難逢的憲制創舉。

為什麼呢？因為，退一步從法理上說，既然清帝在共和國的創建中以和平方式遜位，將政權轉讓於民國，避免了帝國崩潰，生靈塗炭，將王制法統禪讓於共和立憲國體，那麼享受人民共和國給予的優待和尊崇，固然形式上不符合共和國之憲法法理，但或許適應從非常政治到日常政治的轉型之符節。此外，我這裏還要說的是，遜位詔書以及清帝優待條件所蘊含的這個准王制形式，還有更為積極的建設性文化價值。因為，對於一個擁有千年文明傳統的中國，其構建一個現代共和國，並非一定要從零從虛無中創制，而且人民主權也不是從所謂自然狀態或沙漠之地，一舉就能成就出來，最優良的方式反而是歷盡古典文明之洗禮，從舊傳統中新創出來，所謂舊瓶裝新酒，「周雖舊邦，其命維新」[45]。在這個過程中，如果有一個形式性的載體，既能承載著傳統文明之菁華，又不致阻礙和窒息新制度的健康發展，從文明傳統的賡續方面為新的國家憲制添加精神的凝聚力，這當然是一件幸事，英國光榮革命之後的虛君共和制便是這樣一種良制美儀。*

　　*　英國政體的這個優良性質，曾經引起人們的無限遐想，很多政治學家和憲法學家對此都有過論述，除了像柏克那樣的思想家直接禮贊這一君主立憲制的美妙之外，也有學者對此給予過分析解剖，其中英國政治學家沃爾特‧白哲特（Walter Bagehot）的觀點最為精湛。他認為英國是一個「隱蔽的共和國」，其憲制包含尊崇的與效能的兩個部分，按照他的觀點，人「不但是一種理性動物，還是一種激情和想像力動物。」英國女王以及貴族，他們代表英國憲制尊崇的部分，議會下院、首相及政黨政治屬於實質性控制英國政體的

---

[45]　《詩經‧大雅‧文王》。

部分,但是,英國憲制的尊崇外表投合了英國人民對於傳統精神的喜好,凝聚了人民的信仰,致使英國憲制獲得人民的穩固的支持與忠誠。所以,英國憲制充分利用了能夠使最高權威獲得「神聖性」的影響力:「對於王室的尊崇……在古老的貴族周圍生長起來的尊敬……高雅精緻的禮貌,以及裝飾著、鼓舞著文明人民的國內關係的社會善意。」總之,英國成功地達到了白哲特所謂的任何一個古老的憲制都必須做到的兩個目標:「首先必須贏得權威,然後再利用權威;它必須首先取得人們的忠誠和信任,然後再利用這種效忠進行統治。」[46]

其實在辛亥鼎革之際,康有為就提出「虛君共和」的政治主張,即在保留君主的前提下實現「共和」,其觀點與白哲特多少有些異曲同工。康有為強調一種歷史主義的中國主體觀:「各國政體,各有其歷史風俗,各不相師,強而合之,必有乖謬,則足以致敗者矣。」中國乃五千年文明古國,不應成為歐美政治的試驗場。君主制在中國已持續四千年,一旦廢除勢必引起爭亂:「議長之共和,易啟黨爭,而不宜於大國者如彼;總統之共和,以兵爭總統,而死國民過半之害如此。」故而,民主共和「不可行於中國也」,理性選擇是「迎一土木偶為神而敬奉之,以無用為大用,或可以彌亂焉」。「共和之君主,其虛名為君主雖同,而實體則全為共和」。在康氏看來,「十九信條」已令君主等於虛位,而「攝政王已廢,此後孤兒寡婦,守此十里禁城之冷廟香火,實同無君,袁世凱代為執政,實同總統之共和矣。」[47]此外另有

---

[46] 參見沃爾特·白哲特:《英國憲制》,李國慶譯,北京大學出版社,2005年版。

[47] 康有為:「救亡論」(一九一一年十一月)、「共和政體論」(一九一一年十

一種「帝國共和主義」的主張，與康氏觀點頗為相似。其基本設計是「擬尊皇帝為大聖皇，宣佈共和政體，召集國會，公舉大統領，草擬憲法，實行共和立憲。」從法理上來看，「以政權完全付之大統領」，君主不負實際責任，從而「可以為善，不能為惡」。「尊皇上為聖皇，藉宗教上之感情以聯絡藩屬」，有利於「五族相安」、「五族共和」和保持中國領土完整。尊為「聖皇」而不採用傳統的皇帝名稱，適宜於「人權發達之世」。而且，由於「聖皇」僅具有象徵意義，「國民得完全政權，以共謀治理一切。政黨皆消納於帝國共和之中，別定政綱」，也就是說有利於消除黨爭、「國體永固」。[48]這種「帝國共和主義」實際上也是一種「虛君共和」，冀望用現代「共和」改造傳統君主制，以「舊瓶裝新酒」的方式實現帝國向現代民族國家的自我轉型。[49]

如此說來，儘管中華民國之創制屬於人民制憲建國的革命構建，但由於清帝遜位的和平參與，使得這個共和國在憲法性契約中，不僅熔鑄了「革命的反革命」的憲法精神，而且還擬制出一個准虛君共和立憲的國體，即在人民共和國的基本憲制內，容納了清帝優待條件及其他優待條件，這個業已喪失了統治權力的遜位君主，其享受的物質性優待是次要的，但其秉有的尊崇以及由此所承載的傳統文明之價值蘊含卻是極其重要的，它不但彌縫了古今之變的裂痕，而且實現了從王朝帝制向人民共和國的和平而正當性的天

月後），湯志鈞編：《康有為政論集》，中華書局，1981 年版，第 652-678、679-694 頁。

[48] 「宣統三年十一月□□日全國聯合進行會代表張琴等致內閣袁世凱呈」，中國史學會編：《辛亥革命》（八），第 161-166 頁。

[49] 上述關於康有為等人的觀點，援引自郭紹敏：「帝制、共和與中國國家建設：以《清帝退位詔書》為切入點」（未刊稿）。

命流傳，真正地克服和超越了革命激進主義的建國路線，為現代中國的構建注入了傳統文明的光榮和尊嚴。這樣一來，一個看上去有些抵牾的憲法性錯誤，卻承載了如此重大的文明之價值，這種狀況只有在「立憲時刻」才會發生，並具有其正當性的依據，在日常狀態下，則是不可能的，也是不允許的。但是，在一個現代共和國的創制時期，則不但是情有可原的，甚至還會不期而然地肩負起激發想像力的國家象徵之責任。如果這個共和國能夠幸運地渡過自己的非常時期，那麼在走向日常「憲法律」的法治狀態，勢必將要把這個形式上矛盾的設置予以例行化的解決，就像英國王室在這個國家所扮演的象徵性憲法作用一樣，中國的這個清帝遜位詔書之擬制的准虛君共和制設置，本來對於一個政治成熟的現代共和國來說，是完全可以大做文章，把其蘊含的文明傳承和古典精神與現代人民主權以及憲制架構巧妙地融彙於一爐，開出中華民國之古今傳承之新法統的。然而，這個機會被後來者歷史性地錯過了。由此，徹底打倒了舊制度，全面袪除了舊法統，現代中國如何接續傳統，現代政治如何凝聚人心，現代法制如何被人尊崇，人民如何能夠不腐化墮落，國家如何能夠被人民信奉，這一切就都將成為現代政治的攸關問題，直到目前尚未徹底解決。*

> *　當然，我這裏並不是說，遜位詔書之清帝之優待條件中的准虛君共和制設置，就可以一勞永逸地解決一個現代國家的信仰問題，就可以完全打通古今之文明傳續問題，但我認為這個民國初元所呈現的歷史性的偶然機會，對現代中國來說，也許是一個最為和平、最小成本、最具有天道合法性的政治擬制。但這個擬制被徹底搞垮之後，現代共和國仍然需要重建國家信仰。我們看到，兩個共和國不得不祭起革命主

義的大旗，把革命建國的擔綱者和締造者──國民黨的最高領袖孫中山和共產黨的偉大領袖毛澤東，尊崇為現代國家的國家象徵，從而開闢出一個紅色的革命主義國家法統。這個紅色法統以及克里斯瑪（charisma）究竟效果如何呢？對於古今文明之傳承，對於未來國家之發展，究竟具有怎樣的意義呢？這個問題值得我們深思。

4.《清帝遜位詔書》語境下的「中華人民」

與前述《清帝遜位詔書》之別一種「革命」建國的憲法蘊含密切相關，這份詔書還顯示出另外一個憲法價值，那就是「中華人民」之憲法學意義上的塑造。此前我已經指出，中西早期現代的「民族國家」（國民國家或國族）的構建是一個憲法意義上的「建國」與「新民」的雙重主題，這個雙重主題在西方現代國家是如此，在東方國家，在中華民國也是如此。建國與新民是互為因果的，沒有前者，後者無以寄存，沒有後者，前者也是徒有其名，它們共同地統一在雙重的構建過程之中，即在「革命」（非狹義的革命，而是前述的廣義的革命或「革命的反革命」）過程中相互扶助共同完成。所以，革命建國與人民制憲是相輔相成的同一項事業。《清帝遜位詔書》為「中華人民」的現代中國之塑造，起到了真正富有成效的建設性貢獻，居功至偉。可以說，直到一百年後的今天，我們仍然得享這份豐厚的歷史遺產，沒有這份遜位詔書，就沒有延續清帝國法統的五族共和的中華民國。

我們知道，作為一個異族王朝入主中原，滿清王朝統治二百六十餘年，造就了中國有史以來地域最為龐大的帝國疆域，經過幾代皇帝的勵精圖治，清王朝積累了豐富有效的帝國治理經驗，將各個民族納入其多元一體的政治框架之下。清王朝在中國腹地沿襲舊

制,採取傳統郡縣制的行政治理方式,在滿蒙回藏等地區,則採取另外一套治理模式,例如,在崇德元年(1636)設蒙古衙門,三年六月,改稱理藩院,專門管理蒙古、回、藏等民族事務。理藩院初掌蒙古事務,隨著清全國政權的建立,便成為總管蒙古、西藏、新疆等各少數民族地區事務的中央機構。康熙年間,修定《理藩院則例》,用法規固定了對少數民族地區統治的各項措施。除此之外,清王室還通過宗教、和親、結盟等多種方式,進一步補充和鞏固了理藩院的治理體系,從而確保了一個多民族大帝國的疆域完整與不同民族間的和平共處。簡單地說,清帝國建立起合二為一的兩個皇權,統治漢族的皇權和統治滿蒙回藏各民族的皇權,其治理方式相互獨立,迥然有別,同為臣民,各族之間並不平等,滿、蒙、回、藏、漢,畛域有別。[50]

現代中國的構建,除了西方列強的衝擊之外,就中國內部來說,其發端首先來自種族革命,即漢族人民要擺脫滿清王朝的專制統治,所以革命黨人首倡的口號就是種族革命,「驅除韃虜,恢復中華」,此口號得到中原人民的普遍擁護,為鼓吹革命注入了巨大的動力。但是,隨著革命形勢的推進和革命目標的明確,革命黨人從思想意識上已經超越了反清復明的王朝政治的改朝換代的造反理念,而是要建立現代的共和國,因此,他們開始矯正過去的建黨原則,提出要五族共和,各個民族共同參與推翻滿清專制統治,建立一個人民的共和國。《臨時約法》在第一章「總綱」第三條明確規定:「中華民國領土為二十二行省內外蒙古西藏青海。」第二章「人民」第一條:「中華民國人民一律平等,無種族、階級、宗教區別。」孫中山在臨時大總統就職宣言中也再次重申了這個思想。

---

[50] 參見馬汝珩、馬大正主編:《清代的邊疆政策》,中國社會科學出版社,1994年版。

就憲法原則和革命黨人的理念來看，中華民國的構建確實是試圖把清帝國的所有領土和各族人民都納入中華民國的範疇，但是，這個憲法原則在某種意義上實際是無效的，因為滿、蒙、回、藏所效忠的是清王室，其領土管轄權屬於清帝國的另外一套制度，遵循的是清帝國的帝制法統，在他們看來，武昌起義之後各省擁護的政權只是一個南方政權，一個漢族作為主體的政權，即便在清帝國有效統治時期南方各省的治理也與他們素無關係。也就是說，革命黨人的中華民國在法統上與他們沒有瓜葛，《臨時約法》對他們沒有法律效力。

　　而就現實的政治形勢來看，情況就更是危機。西方列強早就對於清帝國的邊疆垂涎三尺，心存不軌，英國覬覦西藏，俄國圖謀新疆、蒙古，日俄爭奪東北。在辛亥革命成功、滿清統治垮臺之際，西方列強們更是借機煽風點火，威逼利誘，加緊了他們分裂、蠶食我中華疆土的步驟。當時滿室貴族就有人提出退出中土返回東北，建立滿族政權，脫離中國以求自治，而肅親王善耆竟然與日本浪人聯合，試圖劫持宣統皇帝，在東三省建立由日本控制的傀儡政權。相比之下，反對清帝退位的還不是滿族宗親，而是蒙古貴族王公，由於滿蒙結合是清室兩百多年治理蒙古的基本國策，「滿洲認同」凸顯了蒙古王公在清朝的特殊地位，清室如若傾覆，蒙古何存？因此在滿清王朝風雨飄搖之際，蒙古上層王爺貴族內部就出現兩派，一派受俄國唆使，試圖投靠俄國尋求庇護，另外一派則要繼續追隨清室，克盡忠誠，此外，西藏的達賴喇嘛也在英帝國主義的挑唆下，煽動藏族僧俗群眾發起「驅漢」風潮。[51]總之，在南北和議、

51　參見李約翰：《清帝遜位與列強》，孫瑞芹等譯，江蘇教育出版社，2009 年版；常安：「『五族共和』憲政實踐新論」，載《寧夏社會科學》2010 年第 6 期；「從王朝到民族──國家：清末立憲再審視」，載《政治與法律評論》

《清帝遜位詔書》頒佈之前，清帝國之疆域大有分崩離析的解體之勢。正是在此存亡危機之關頭，清王室能夠果敢地接受辛亥革命之事實，屈辱而光榮地退位，將一個偌大的帝國疆域連同他們對於清王室的忠誠、臣服，和平轉讓於中華民國，從而為現代中國的構建，為這個未來中國的領土疆域之完整和鞏固，做出了不可磨滅的貢獻。

　　《清帝遜位詔書》的一個主要內容，便是以清帝國之主人身份，穩定、安撫滿蒙回藏各族之心，尤其是各族上層王爺貴族之心，以便將清帝國之全部統治權以及其法統，禪讓於中華民國。這份遜位詔書正文明確寫道：「總期人民安堵，海宇乂安，仍合滿、漢、蒙、回、藏五族完全領土為——大中華民國。」此外，三個優待條件也旨在「和平解決」遜位讓權問題，其中的優待皇室八條，待遇皇族四條，待遇滿、蒙、回、藏七條，包括與漢人平等、保護其原有之私產、王公世爵概仍其舊，等等，皆是處置清帝國之中華疆域傳續給中華民國的妥當方式。為此這份詔書「特行宣示皇族暨滿、蒙、回、藏人等，此後務當化除畛域，共保治安，重睹世界之升平，胥享共和之幸福」。現實的情況也是如此，遜位詔書頒佈之後，旋即就基本平定滿蒙回藏各族上層貴族的離亂之心，善耆等個別滿清貴族獨立退守東三省的設想不攻之破，蒙古也平定了個別王公投靠俄國的叛亂，追隨清帝歸順中華民國，而西藏出現的「驅漢」事件也隨著五族共和的中華民國之創建，失去了肇事、分離的理由。

　　總的看來，這份遜位詔書雖然也有傳統王制的古之君主「重在保全民命」，「近慰海內厭亂望治之心，遠協古聖天下為公之義」的

2010 年卷，北京大學出版社，2010 年版；潘先林：「論五族共和的影響」，載《雲南社會科學》2006 年第 5 期；喻大華：「清室優待條件新論：兼析溥儀潛往東北的原因」，載《近代史研究》1999 年第 1 期。

思想，但核心主旨還是贊同「人民」主權的現代共和立憲國體，首次在詔書中認同「全國人民」之傾向共和之心，並懿然將統治權轉讓於「共和立憲國體」，「合滿、漢、蒙、回、藏五族完全領土為——大中華民國」。因此，這份遜位詔書所宣示的「人民」乃是五族共和的人民，這個人民作為「中華人民」由清帝在遜位於「中華民國」的詔書中宣示出來，其所具有的憲法性意義就是格外重大的。因為它不同於《臨時約法》所規定的代表革命黨人理念的「中華人民」，也不同於立憲改良派所提出的或立憲君主制或共和立憲制下的「新民」，而是這個曾經作為漢、滿、蒙、回、藏五族臣民之主的皇帝在遜位之際所宣示的「中華人民」，這個「中華人民」在法統上就具有傳續帝制衣缽重開嶄新之意的合法性與正當性，其對於中華人民的塑造，對於中華民國疆域下的各族（漢滿蒙回藏五族）冶煉於一個政治文明的共同體——中華人民，無疑具有著強大的說服力與感召力。

正是因為有了這份詔書，「五族共和」的「中華民國」之「中華人民」才得到傳承有續的合法性證成，《臨時約法》第三章第十八條「參議員每行省內蒙古外蒙古西藏各選派五人青海選派一人，選派方式由各地方自定之」，才落到實處，即清帝遜位後第一屆國會之選舉，其公佈的兩院選舉法所規定的分配給蒙古、西藏、青海等地區的參議員、眾議員名額，才真正使得五族人民開始共同融入立憲國會，參與人民制憲建國。在這樣一個背景下，袁世凱當政以來自至洪憲稱帝之前，北洋政府的一系列內政外交政策均體現了中華民國對於《臨時約法》和《清帝遜位詔書》共同熔鑄的憲法精神的繼承與發展。例如，1914 年 5 月 1 日頒佈的《中華民國約法》，基本延續了《臨時約法》總綱四條有關中華人民、領土疆域的規定，此外，在附則第六十五條重申《清帝遜位詔書》之內容：「中華民

國元年二月十二日所宣佈之大清皇帝辭位後優待條件、清皇族待遇條件、滿蒙回藏各族待遇條件，永不變更其效力。其與待遇條件有關係之蒙古待遇條件，仍繼續保有其效力；非依法律，不得變更之。」正像袁世凱在 1912 年 4 月 22 日頒佈的大總統令中所強調的，「現在五族共和，凡蒙、藏、回疆各地方，同為我中華民國領土，則蒙、藏、回疆，即同為我中華民國國民，自不能如帝政時代再有藩屬名稱。此後，蒙、藏、回疆等處，自應通籌規劃，以謀內政之統一，而冀民族之大同。」[52]*前面我們曾經指出，在辛亥革命之後，圍繞著人民的革命制憲建國，實際上出現了兩個有關「人民在哪裡？」的論爭，而表現在制度架構方面，就是南北兩個政府的合法性之爭，由於清帝和平遜位以及《遜位詔書》的頒佈，實際上從法統來看，已經達成了一種契約性的整合，即在南北軍事和政治勢力之上，有一個清帝將全部統治權禪讓於之的未來共和立憲國體或共和國，也就是說，清帝既不是將政權讓位給南方政權的孫中山，也不是讓位給北方軍政統帥袁世凱，而是讓位給一個未來的五族共和的立憲共和國。這樣一來，在南北勢力之上，就從法統上凸顯出一個超越的國家憲制，其主權者乃是全體中華人民，即五族共和的中華人民，這個人民才是中華民國的主人，至於南北政權的領袖，不過是人民的代理者，由他們組成政府治理現代性質的國家。這樣一來，這份證書的頒佈，也就從憲法之法理上，解決了南北兩個政府關於「人民在那裏」的爭議，南方政權所謂的革命者以及這個革命政權所管轄的人民，以及那些追隨革命宣佈省憲自治的人民，並不

---

[52] 參見溥儀《我的前半生》，群眾出版社，1964 年版。參見韓殿棟、劉永文、陳立波：「民國初期傳媒關於袁世凱對藏政策的報導」，載《西藏大學學報》2008 年第 1 期，常安：「『五族共和』憲政實踐新論」，載《寧夏社會科學》2010 年第 6 期。

是這個共和國的中華人民，他們只是人民的構成要素，同樣，北方滿蒙回藏各族以及原先效忠清王室的各省臣民，也不是中華人民，他們也是這個共和國的中華人民的構成要素，只有南北各地、滿蒙回藏漢各族結合在一起，並且共同致力於制憲建國，這個清帝以和平遜位方式把帝國統治權禪讓給它的未來共和立憲國體，才是真正的現代共和國，才是人民效忠的現代國家，經過這種一個現代國家的認同，滿蒙回藏漢五族才熔鑄於一爐，共同塑造出一個中華人民，建國與新民這個現代中國的雙重主題才建設出來。人民在哪裡？參與這個共和國之構建的，效忠這個現代立憲共和國的，傳承古典文明的，繼承滿清帝制法統的，並且經過辛亥革命之冶煉的各族人民之結合的人民，通過中華民國憲法之規定的五族共和的人民，才是中華之人民。

> *　郭紹敏博士指出：「1914 年 5 月 1 日，袁世凱政府公佈實施的《中華民國約法》規定：『中華民國之主權，屬於國民全體』（第 2 條）、『中華民國之領土，依從前帝國所有之疆域』（第 3 條），明確表明民國在人民、領土和主權方面與清帝國的繼承關係。正是基於上述法理辯護，經過艱苦談判，並以武力為後盾，袁世凱迫使哲布尊丹巴於 1914 年 6 月 9 日宣佈取消外蒙獨立。由此，不能不肯認中國『光榮革命』之於中國國家統一和國家建設的積極意義。就短時段的歷史來看，清帝主動退位彰顯了最高統治者的政治美德，使『五族共和』順利實現，有利於民國政府抵制邊疆少數民族的分離運動，從法理上為國家統一進行辯護。從長時段的大歷史來看，清代的帝國建設與近代民族國家建設之間存在著緊密的延續關係。清代的帝國建設『最重要的遺產就是奠定

了當代中國的疆域、人民與治權的基本格局，也就是說，清帝國幾乎為當代中國提供了近當代意義上的主權秩序的幾乎所有決定性的重要因素。」（楊昂博士語）我們必須認真審視清代的帝國建設所留下的正面遺產，它絕不是『專制帝國』這一源於西方的片面理論說辭所能概括的。」[53]另外還有多位學者指出：「通過對民國初期傳媒材料的梳理並結合各類歷史資料，發現袁世凱執政時期，繼承了孫中山『五族共和』思想，主張以漢藏民族間平等團結為基礎，以謀內政之統一和實現民族之大同。」「如果我們考慮到臨時政府時期一方面存續時間較短，另外一方面政令執行區域本身也極為有限，就會發現，關於五族共和的憲政實踐，孫中山與南京臨時政府的相關憲政實踐至多屬於發軔期，南北和議達成五族平等、咸與共和的政治契約屬於五族共和的標誌性彰顯，而北洋政府時期尤其是袁世凱稱帝以前的相關民族治理與憲政制度建構，則恰恰是五族共和憲政主張的一種延續和發揚。也正是在這個意義上，五族共和的憲政實踐才不像我們以往所理解的那樣僅僅是南京臨時政府時期的曇花一現，而是得以確實付諸實施的憲政治度建構。」[54]

顯然，這份詔書對於中華民國的國體塑造和對於中華人民的人民塑造，其真實的憲法價值不亞於《臨時約法》，也只是在這個意

---

53 見郭紹敏：「帝制、共和與中國國家建設：以《清帝退位詔書》為切入點」（未刊稿）；楊昂：「中華太平盛世：清帝國治下的和平（1683-1799）」，強世功主編，《政治與法律評論》（2010 年卷），北京大學出版社，2010 年版，第 64 頁。

54 參見韓殿棟、劉永文、陳立波：「民國初期傳媒關於袁世凱對藏政策的報導」，載《西藏大學學報》2008 年第 1 期；常安：「『五族共和』憲政實踐新論」，載《寧夏社會科學》2010 年第 6 期。

義上，我才說《清帝遜位詔書》是一部憲法性的法律文件，與《臨時約法》構成了一組中華民國肇始之際的憲法性法律，它們共同奠定了現代中國的立國之本。當然，作為一份遜位詔書，它畢竟不是憲法文本，《清帝遜位詔書》只是包含著現代民族個國家（國民國家）構建的一些基本的憲法原則，尤其是革命建國、人民制憲這兩個核心原則，它畢竟不可能像一部憲法文本那樣具體規定有關建國、制憲的具體步驟和制度安排。但是，我認為這份詔書宣示的那些原則，蘊含著非常深遠而重大的憲法內涵，尤其是其中隱含著的有關革命、中華、人民、立憲、共和等關涉一個現代共和國之生死的基本理念，可以說是對於晚近以來狹隘的革命建國的政治路線與衰頹的君主立憲的政治路線的一種新形式的整合與昇華。

5. 古今變局中的「天命流轉」

到此為止，本文主要是從憲法性法律的角度，或者說，從政治憲法學的視角，審視了《清帝遜位詔書》的價值與意義。但是，我們知道，任何一種政治，其在人間的存續傳承都不是一個簡單的物理事件，也不是一個憑藉著赤裸裸的武力就可以乾坤搞定的，古往今來，人世間的政治從根本性上說，都需要一種正當性的力量支撐，或者說，在其存續流轉的根基處，都有一種政治之道，一種存在的理由（reason）。這個政治的存在理由，在古典政治那裏，表現為兩個層面，一個是天意，一個是民心，對此，中國的古典政治典籍，如《尚書》、《禮記》以及《論語》、《孟子》均有充分的論述。

在中國的古典論述中，政治統治的根本依據，首先在於天命，五帝夏商時代，執政者的唯一合法性在於上承天命。《禮記》有云：「天子者，與天地參，德配天地，兼利萬物，與日月並明，照亮四海而不遺微小。」這種神靈在天的「君權神授」觀，《論語·堯曰》

在堯禪讓舜時有載：「咨！爾舜！天之歷數在爾躬，允執其中。四海困窮，天祿永終。」由此看來，君主之所以能夠統馭萬民，乃在於天帝之授命，政治統治權的根據在於天命所賜，「天命在身」、「君權神授」遂成為王權政治合法性的根本依據，或曰古典政治的理由。但是，這種天命理念面臨一個重大的挑戰，即天命靡常，究竟誰、憑什麼就可以「天命在身」呢？例如，商紂至死猶言：「嗚呼！我生不有命在天？」這樣一來，古典政治的政權更替，或曰古典傳統意義上的「湯武革命」，就需要給予重新的論述，這個棘手的問題，就由周朝的統治者來回答，否則，周武討伐商紂進而周取代商的「革命」或天命流轉，就缺乏政治的合法性依據。對此，周武上臺以後，憂心忡忡，夜不能寐，在位三年便撒手人寰，繼位者成王尚且年幼，於是解說周人革命合法性的重任就落在周武之弟周公姬旦的肩上。[55]我們看到，周公姬旦在關鍵時刻推出了一種將天命流轉與民心向背結合在一起的新的天命觀和新的革命觀，從而完成了中國古典政治合法性論述的一次偉大轉型，或者說，奠定了中國古典政治的憲制根基，創建了中國古典政治的憲法性根本原則。

周公認為，天命雖然存在，但天命無常，統治者天命在身並非永恆不變的，關鍵在於統治者能夠「以德配天」，「無念爾祖，聿修厥德」。因為「皇天無親，惟德是輔」，統治者要獲得君權神授，其必要的條件在於修德，有德者天命之，無德者天棄之。商湯未喪師德，故爾克配上帝，至於商紂「不敬厥德，乃早墜其命」。文王修德，是以「天休於文王，興我小邦周」。[56]所以，殷商代夏、姬周替商，並非皇天無常，實乃有德者取而代之。那麼，德是什麼呢？

55　見葉樹勳：「傳統語境下『以德配天』的法理意蘊——以政治合法性救濟為核心」，載許章潤主編：《國家理性》(《歷史法學》第四卷)，法律出版社，2010 年版。

56　見《尚書‧大誥》、《尚書‧召誥》、《尚書‧大雅‧文王》。

對於這個問題，中國古典政治給出的解答，就是「德者，得也，得民心之謂也。」這樣德就具有上承下達的溝通職能，即修德既是以德配天，又是體恤萬民，為政之道應當「彼裕我民，無遠用戾」。這樣一來，「配天命者為君王」就轉變為「得民心者得天下」。周公揭示的這一政道轉變，使得天命與民心緊密聯繫在一起了，天命的無常難測在某種意義上得到克服，「天命所歸」的實質不啻為「民心所向。」《尚書》曰：「天矜於下民，民之所欲，天必從之。」又曰：「天視自我民視，天聽自我民聽。」

周公對於古典政治的政治合法性論證，使得古典政治從單向度的君主天命一元，轉向天命與民心之二元結構，由此中國從西周到晚清的王權統治的合法性構建以及王朝輪替的革命合法性闡釋，都離不開這個天命與民心的二元溝通，古典政治的天命流轉與法統新續，便建立在「天命所歸，民心所向」的理論之上。為政之道就是德治，以德治國，以仁義治天下，就是王道，「民為邦本，本固邦寧」。至於霸道，則是君主憑藉武力、權術和暴力進行統治。對於殘酷無道的統治者，孟子有伐放論。[*]不過應該指出的是，這種以民為天的民本思想，固然在傳統的古典政治中是正統，它為王朝輪替和革命改制提供了合法性依據，但是，民本不是民權，其核心仍然是維繫一個天命所授的統治者。古典政治之道，無論是中國還是西方，其合法性與正當性的依據，其目的乃是一個，即有德性的統治者，也就是說，無論是君主制還是共和制，古典的統治者，作為國王、皇帝或者共和國執政官，尤其是君主制國家，帝制皇帝，他們都是獨斷性地擁有政權，把自己視為人民之羊的牧羊人，替天行道，作為天子或神的使者，來統治人民，體察民意，體恤民情，聽取民心，這一切都不過是為了更為仁慈地統治人民。

> * 齊宣王問孟子：「湯放桀，武王伐紂，有諸？」孟子對
> 曰：「於傳有之。」曰：「臣弒其君，可乎？」曰：「賊仁者
> 謂之『賊』，賊義者謂之『殘』。殘賊之人謂之『一夫』。聞
> 誅一夫紂矣，未聞弒君也。」[57]

　　古今之變，或者說，從古典政治到現代政治的最根本性區別，就是人民主權的興起並佔據現代國家的主體性地位，即人民當家作主，人民制憲建國，過去的君主或最高的統治者失去了絕對主體性的地位，統治者作為治理者不過是受託依據人民制定的憲法治理國家。也就是說，人民取代君主，成為國家的主人，君主或者被推翻，或者成為國家的象徵，不再具有任何實質性的權力，政治權柄從君主之手轉移到人民之手，這就是現代政治的天道人極，從君主專制到人民主權，貫穿其中的乃是政治天命的從古典時代到現代時代的流轉，孫中山所謂「世界潮流，浩浩蕩蕩，順之則昌，逆之則亡」。是耶。西方現代的兩位經典政治思想家，洛克和盧梭，在《政府論》和《社會契約論》中，分別基於不同的政治傳統，代表著西方的英美現代政治路線和歐陸現代政治路線，對於這個古今之變的政治之天命流轉，曾經給予了經典性的闡釋。*

> * 洛克的《政府論》分上下兩篇，上篇集中駁斥的是保皇
> 派菲爾麥鼓吹的君權神授和王位世襲的專制君主論，下篇集
> 中闡述的則是基於個人權利的人民主權論和議會制理論。上
> 下兩篇的核心理念是重新為現代政治提供一套權利論證，並
> 由此為英國的光榮革命予以辯護，在洛克看來，人民主權的
> 關鍵不是菲爾麥的王權，也不是霍布斯的利維坦，而是個人

---

[57] 見《孟子·梁惠王·下》；牟宗三：《政道與治道》，第一章，廣西師範大學出版社，2006年版。

的生命權、財產權和自由權，現代政治只有通過議會制度以及分權治理，才能使人民主權落到實處。當然，對於暴政，人民有抵抗的合法權利，至於英國王權則是「國王在議會」。相比之下，盧梭的人民主權論，雖然也是反對法國的絕對君主制，但他走的路徑與洛克大不相同，盧梭在《社會契約論》中強調人民主權的公意性，即只有體現在共同意志中的祛除了私人意見的絕對政治決斷，才是人民主權的本質，私人財產權、生命權和自由權相對於這個公意來說，則是次要的，為此，他提出要通過直接民主的決斷方式來實現人民主權，由此建立一個人民的共和國。我們看到，洛克與盧梭雖然都反對君主專制，但他們在關於人民主權以及實現這個主權的政治方式等方面的主張，卻呈現出非常明顯的差異，可以說現代政治在他們那裏分別開闢出兩條迴異的理論道路，一個是為光榮革命以及英美憲政主義做辯護，另一個則是啟動了法國大革命以及無產階級專政之濫觴。

此外，還需要指出的是，在西方的古典政治和現代政治之間，有一個中世紀的基督教神權傳統，因此，古今之變的人民主權的興起和專制王權的衰落，就不再僅僅是前者對於後者的取代，更不是兩者之間的循環往復，而是在一個神權法則之下的人民主權的興起和獨斷王權的消失。儘管這個神權也經歷著上帝之死的命運，但一種高於人民主權的高級法或超驗的正義，仍然是現代政治無法徹底擺脫的制約，直到所謂虛無主義的現代性政治粉墨登場。不過直到今天，虛無主義是否真的成為當今西方政治的主流，看來也還並不儘然，這一人義論和神義論的政治之辯，可謂西方現代——後現代的核心主題之一。總的來說，古典自然法、國家或君主

之法，人民制憲權、神法或超驗正義，這些終極性的政治問題，是西方古今之變中的天命流轉的一些攸關問題。從政治憲法學的角度看，上述諸問題並非毫無意義，而是貫穿在現代國家的立憲時刻，並且主導著現代政治的日常法治秩序，即便當今一些有關死刑廢除、墮胎、同性戀、克隆人、基因技術等憲法問題，其根本性的爭論仍然會歸結到上述這些終極問題上來。

從西方回到中國，我們看到，中國政治的古今之變，其天命流轉問題由於沒有基督教神權政治的插入，就顯示出一種人義論的背景，古今之變的根本在於人民主權對於傳統皇權專制主義的顛覆，這裏貫穿其中的乃是一個自然法的主客觀權利之變遷問題，即天命如何作為現代自然法的主觀性權利，從帝制王權流轉到現代共和國的人民主權之手。在此，孫中山的臨時大總統宣言書和《中華民國臨時約法》從革命主義的公民角度，正面闡述和制度性構建了一個人民共和國的現代政治綱領，而《清帝遜位詔書》則第一次從君主制的王權角度正面回應了這個問題，並且通過自己的「光榮遜位」，主動順應現代政治之道或當今世界潮流，把古典君主制的「天命在身」融彙於現代人民主權的新天命之中，成為這個新的現代政治之天命的尊奉者。這一順乎天命和民心的義舉，在這份遜位詔書中，曾經有多處文字提及。對於這些文辭，如果僅僅囿於傳統湯武革命的語境，把它們視為王朝舊制的一種天命流轉，在我看來，顯然是低估了這份遜位詔書的價值。

應該指出，在傳統王朝政治的皇帝《罪己詔》中，在中國歷史上的若干皇權禪讓書中，上述的天命流轉之陳述屢見不鮮。*這些文辭蘊含雖然對於一家一姓之帝王來說是至為攸關的，但從政治之道來看，並沒有多少新意，這類天命所繫、天道流傳的王朝敘事，

147

在古典中國的王霸之辯和朝代興替的正史或傳說中，比比皆是。如果我們僅僅從上述王朝政治的天命流轉來看待中國最後一個王朝的覆滅，乃是完全沒有發現這個滿清王朝之末年所面臨的古今之變的重大意義。正像我在前文多次指出的，晚清王朝面對的乃是一個現代政治的興起，接續它的不是傳統的一家一姓之王朝，而是一個嶄新的人民共和國，一個現代國家，因此，它的天命流轉就具有前所未有的意義。對於這個清王朝來說，是絕望地伴隨著舊制度而埋沒於王朝帝制的廢墟中，成為一堆輝煌歷史的陪葬品，還是天命新續，在舊法統的涅槃中死以求生，重新熔鑄於新的共和國法統，對於這個帝制的天命擔當者來說，無疑是一種嚴峻的政治決斷。同樣，對於新的人民主權的開闢者來說，如何面對舊法統和舊天命，是斷絕歷史、從零開始構建一個人民的立憲共和國，在一張白紙上塗抹所謂最新最美的圖畫，還是傳承歷史，接續文脈，在革命建國的制憲創制中吸納古典政治之遺產，化出活的生命之源，這也是一樁關涉現代國家之天命的重大政治決斷。

* 例如，曹魏咸熙二年（西元 265 年），晉王司馬昭卒，長子司馬炎繼承王位，迫魏元帝曹奐頒佈禪位詔書，宣佈禪位於司馬炎，退位詔曰：「咨爾晉王：我皇祖有虞氏誕膺靈運，受終於陶唐，亦以命於有夏。惟三後陟配於天，而咸用光敷聖德。自茲厥後，天又輯大命於漢。火德既衰，乃眷命我高祖。方軌虞夏四代之明顯，我不敢知。惟王乃祖乃父，服膺明哲，輔亮我皇家，勳德光於四海。格爾上下神祇，罔不克順，地平天成，萬邦以乂。應受上帝之命，協皇極之中。肆予一人，祗承天序，以敬授爾位，歷數實在爾躬。允執其中，天祿永終。于戲！王其欽順天命。率循訓典，底綏四國，

用保天休，無替我二皇之弘烈。」[58]這篇退位詔書載於《晉書》武帝本紀，此文並非是皇帝親自降詔，而是命太保鄭沖持詔書獻於晉王司馬炎。這份詔書闡明瞭歷史上天命的傳承經過，曹奐自己用「我不敢知」掩蓋了曹魏王朝的建立，只是稱讚司馬懿功勳卓著，對曹魏王朝的貢獻，然後大講天命，強調皇位傳成的輪回。曹魏元帝曹奐退位後，持續 46 年（220-265 年）的曹魏政權滅亡。司馬炎代魏建晉，改元泰始，是為晉武帝。

我們看到，在《清帝遜位詔書》中，古今之天命實際上達成了某種富有積極意義的和解，並留下了一筆可供後人開發的遺產——清帝以和平遜位的方式，把君主政權轉讓於一個新生的立憲共和國，由此弭平了兩個斷裂，一個是古今政治天命之斷裂，一個是民族畛域之斷裂。清帝的和平遜位，成就了一個現代政治的雙重主題，即建國與新民，而且，在這個建國與新民的雙重主題中，又實現了現代憲制的「革命的反革命」之憲法精神。所以，這份遜位詔書具有天命流轉與法統新續的價值與意義，對於一個新生的現代共和國，在其肇始之際，能夠達成這樣一種古今政治之傳承，足可以告慰天地。這樣一來，「革命」這個古典政治中原本的循環往復之匡正的古意，在這場古今之變的大變局中，就發生了根本性的變化，即它不再是王朝循環往復的一種匡正機制，不再是王道推翻霸道的一種正當性手段，而是超越了王朝政治的歷史循環論和古典政治的王霸革命論，將現代政治奠基於人民主權之上。也就是說，這個現代政治是一個人民的共和國，中華人民成為這個國家的主人，所謂革命，不是革除一家一姓的帝王之命，不是革除滿清異族之

---

[58] 《晉書·帝紀第三·武帝》，見《晉書》第一冊，中華書局，1974 年版，第 50 頁。

命，而是對於傳統王朝政治的政權制度本身予以革除，所導致的乃是與古典政治完全不同的現代政治的興起，是一個現代新中國的興起，從這個意義上說，這個現代政治不是循環論的，也不是王霸論的，而是人民的自我統治，是一個人民立憲建國的新政治，這個政治對於三千年中國歷史來說，是前所未有的。

本來這個新政治對於古典政治，對於舊制度、舊傳統，也可能採取直接對立的決絕方式，在西方這種方式也不是沒有實行過的，例如法國大革命、俄國蘇維埃就是採取了這種反對舊制度的決絕方式。但是，在一百年前的中華民國元年，在第一個現代共和國的發軔之初，卻並沒有遵循這種革命激進主義的方式，並沒有任憑辛亥革命的暴力邏輯恣意下去，由於清帝遜位以及通過遜位詔書所達成的契約性憲法性和解，一種英美立憲建國的光榮革命的圖景在那個非常時期呈現出一線生機。也就是說，在中華民國肇始之際，我們是出現過這樣一次光榮革命的前景的，這樣一來，革命對於中華民國元年來說，實質上乃是一種英美式的天命流轉，即以革命的方式完成了反革命的訴求，這種「革命的反革命」使得中國古今之變的天命流轉具有了別一種意義。

首先，這場革命建國是政治主體或國家主人的現代流轉，古之帝王以及維繫其統治的舊制度被革除，人民成為現代國家的主人，辛亥革命與清帝遜位共同促成了這個轉變。其次，這場革命建國，又不是對於傳統制度以及其法統的徹底摒棄，而是一種革命的反革命，即由這場革命的參與者及其代表人物，完成了一種反革命的復辟，即以憲法契約終結了這場革命的無限性擴張，這樣就避免了法俄激進主義的政治災難。再次，清帝遜位詔書為這個新的共和國保留了一個維繫傳統尊崇的虛擬制度，以一種准君主立憲制的擬制形式，保持了傳統政治文明的尊嚴，並滿足了人民追溯歷史的懷

舊激情。由此,古今天命的流轉有了一個可供人民憑弔瞻仰的活的象徵,而不是死的化石,正像英國偉大的思想家柏克所指出的,「我們迄今所進行的一切改革都是根據對於古代的尊崇這一原則在進行的;而且我希望——不,我堅信不疑——今後所可能進行的一切改革,都將根據類似的前例、權威和典範而小心翼翼地來形成。」[59]這種保守主義的政治態度對於一個歷史悠久的文明中國來說,又有什麼不好呢?如此一個天命流轉的古今交通之契機,對於第一個現代的中華立憲共和國豈不是一個天賜的嘉運?

也許有人會說,那些只不過是你的演義和想當然,這份詔書並沒有什麼新東西,不過是清帝迫於形勢違心地不得不接受而已,你這麼說豈不是拔高了這份詔書的價值與意義?對此,我或許無可辯駁,但我想特別提醒的是,政治歷史的研究,其精髓乃是能夠把握活生生的歷史生命,體察歷史之精神,而不是面對死物給予解剖,我們要關注掩埋在歷史陳跡之下的真實而富有生命的真相。就情勢來看,清帝遜位無疑是被動被迫的,就字面來看,這份詔書的詞句也是一些新舊常識,甚至完全是由他人代擬的,但這些是至關緊要的嗎?歷史的本質就只是情勢論和動機論嗎?要謹記,在情勢和動機之外,還有更大、更為重要的歷史真實,黑格爾曾經說過:「同一句話由老人和兒童說出,其含義迥然不同。」上述那些有關中華民國構建的基本原則與理念,是在清帝遜位這個古今之變的當口,伴隨著清帝屈辱而光榮的遜位,以詔書的形式頒佈天下的,其蘊含的意義因此就被鐫刻在這個禪讓於中華民國之「共和立憲國體」的歷史銘志之中。

不過,歷史只是給了中華民國一線機會,不幸的是我們並未抓住它就一去不復返了。所以,本文最終還是把《清帝遜位詔書》視

---

[59] 柏克:《法國革命論》,何兆武等譯,商務印書館,1999年版,第41頁。

為一個失敗的「中國版的光榮革命」。為什麼呢？這就需要把我們的視野置於早期現代（近現代）中國的立憲史。放眼這段歷史，我們看到，從甲午海戰到戊戌變法，現代中國的早期變法圖強的立憲建國思想以及制度實踐告一段落。在失敗中開啟了兩條不同的建國道路，一是革命黨人的革命建國，一是改良主義的君主立憲，兩條路徑的思想與實踐，促使現代中國的構建進入第二個階段。至辛亥革命之成功，迎來了革命建國的高潮，其間形成的兩個作為立國之本的憲法性法律文件，即《臨時約法》和《清帝遜位詔書》為這個肇始時期的新中國奠定了立國之本。可以說，這個創制中華民國的制憲立國時期是中國近現代歷史上一次偉大而幸運的時期，一個既繼承傳統又開闢新章，既勃發於革命又終結革命於憲制的中華民國——人民的共和國，似乎指日可待，一輪旭日即將燦爛於東方大地。

然而，此後的制憲進程屢屢受挫，《天壇憲草》缺憾明顯，以至於最終尚未正式頒佈就為袁世凱的帝制復辟所夭折，此後十餘年的翻翻覆覆，憲制權威喪失殆盡，人民公意備受屈辱，致使最後通過的《中華民國憲法》淪為一紙具文。大好的時機由此錯過，換來的是什麼，是所謂的「國民革命」或「大革命」。上個世紀二十年代發端的大革命潮流，是民國憲制失敗最為微妙而醜陋的寫照，就像法國大革命換來的是拿破崙的僭主專制一樣，這個中國的大革命登上歷史的舞臺，一發不可收地成為時代潮流的主導，其培育出來的是基於軍事機制與激進革命的黨制國家，由此中國的立憲史就進入第三個階段，即黨制國家的階段。國共兩黨漸次成為這場新型建國運動的主導，它們一個比一個更革命、更組織化、更敵我對峙，其間雖然經歷過一場國共合作反抗日本侵略的戰爭，但抗戰勝利後國共兩黨重開內戰，到 1949 年《共同綱領》的制定，這個現代中

國革命建國的主題以共產黨在大陸的黨制國家的勝利而告終。至於此後，現代中國的革命構建就進入新的歷史階段，1954 年的《中華人民共和國憲法》標誌著中國進入一個新的國家建設時期，直到 1982 年的《中華人民共和國憲法》以及此後的四次憲法修訂，這個中華人民共和國的憲制國家才轉入一個新的歷史進程，到目前仍然處於艱難改革之中。至於偏於一隅的臺灣地區，其依照國民黨 1946 年制定的《中華民國憲法》尤其是《動員戡亂時期臨時條款》和《戒嚴法》，國民黨黨國專制統治數十年，直到八十年代戒嚴令廢除，歷史才翻開了新的一頁。

彈指百年去矣，撫今追昔，民國肇始之際留下的「共和立憲國體」之遺產，《清帝遜位詔書》隱含著的屈辱下的光榮，我們何顏以對？失敗的不是一百年前致力於共和國之創制的各位革命建國、人民制憲之先進，不是《臨時約法》，不是《清帝遜位詔書》，而是我們這些後來的不肖子孫，我們把共和立憲之精神徹底遺忘了，以至於神州大地，戰爭頻仍，生靈塗炭，共和理想，幻若遊魂。走筆至此，無限感慨，仰望長天，嗚呼哀哉！

後記

　　這些年來我一直有一個心願，就是儘快結束自己有關西方政治思想史的著述，進入中國早期現代之法政思想與制度的研究，這裏隱藏著我的中國問題之關切。每年春節前後的世俗吵嚷讓我厭煩，自己總是設法躲於一隅，獨自體驗那份難得的輕省。今年亦是如此，我埋頭於書房，把這些年來的一些思緒感懷綴聯起來，一鼓作氣地草就了這篇《立憲時刻：論〈清帝遜位詔書〉》。對於我來說，這只是一個開始，關於中國古今之變以及現代中國立國之道的探索，無疑將成為自己今後學術生涯的中心議題，我為此感到慶幸而又悲哀。

　　初稿草擬完成後，我陸續發給相關的各位學界新老朋友，請他們不吝賜教。于向東、姚中秋、王焱、許紀霖、俞江、高超群諸位先生以及談火生、尹鈦、任鋒、董彥斌、郭紹敏、田飛龍、王旭、翟志勇、周林剛、王鍇、支振鋒、施展、周帥等年輕學者均給予我很多有益的批評，使我能夠洞開視野，釐正錯訛，遂將此文反覆修訂，擴展為一本專題性的小冊子。我的博士研究生畢竟悅、張偉為我提供了相關的補充性資料文獻，編輯孟凡禮為本書的出版盡心盡責，盛情難卻。對於上述諸君，我在此深表謝忱。

高全喜

2011 年 4 月 30 日

於北京西山寓所

史地傳記類　PC0201

立憲時刻
——論《清帝遜位詔書》

作　　者 / 高全喜
主　　編 / 蔡登山
責任編輯 / 林千惠
圖文排版 / 楊家齊
封面設計 / 蔡瑋中

發 行 人 / 宋政坤
法律顧問 / 毛國樑　律師
印製出版 / 秀威資訊科技股份有限公司
　　　　　114 台北市內湖區瑞光路 76 巷 65 號 1 樓
　　　　　電話：+886-2-2796-3638　傳真：+886-2-2796-1377
　　　　　http://www.showwe.com.tw
劃撥帳號 / 19563868　戶名：秀威資訊科技股份有限公司
　　　　　讀者服務信箱：service@showwe.com.tw
展售門市 / 國家書店（松江門市）
　　　　　104 台北市中山區松江路 209 號 1 樓
　　　　　電話：+886-2-2518-0207　傳真：+886-2-2518-0778
網路訂購 / 秀威網路書店：http://www.bodbooks.com.tw
　　　　　國家網路書店：http://www.govbooks.com.tw
圖書經銷 / 紅螞蟻圖書有限公司
　　　　　114 台北市內湖區舊宗路二段 121 巷 28、32 號 4 樓
　　　　　電話：+886-2-2795-3656　傳真：+886-2-2795-4100

2012 年 2 月 BOD 一版
定價：200 元
版權所有　翻印必究
本書如有缺頁、破損或裝訂錯誤，請寄回更換

國家圖書館出版品預行編目

立憲時刻：論《清帝遜位詔書》 / 高全喜著. --
一版. -- 臺北市：秀威資訊科技, 2012.02
　　面 ；　　公分
BOD 版
ISBN 978-986-221-888-4(平裝)

1. 晚清史　2. 清季立憲

627.9　　　　　　　　　　　　　100024957

讀者回函卡

感謝您購買本書，為提升服務品質，請填妥以下資料，將讀者回函卡直接寄回或傳真本公司，收到您的寶貴意見後，我們會收藏記錄及檢討，謝謝！如您需要了解本公司最新出版書目、購書優惠或企劃活動，歡迎您上網查詢或下載相關資料：http:// www.showwe.com.tw

您購買的書名：＿＿＿＿＿＿＿＿＿＿＿＿＿＿＿＿＿＿＿＿＿＿

出生日期：＿＿＿＿＿年＿＿＿＿＿月＿＿＿＿＿日

學歷：□高中 (含) 以下　　□大專　　□研究所 (含) 以上

職業：□製造業　□金融業　□資訊業　□軍警　□傳播業　□自由業
　　　□服務業　□公務員　□教職　　□學生　□家管　　□其它＿＿＿

購書地點：□網路書店　□實體書店　□書展　□郵購　□贈閱　□其他

您從何得知本書的消息？

　　□網路書店　□實體書店　□網路搜尋　□電子報　□書訊　□雜誌

　　□傳播媒體　□親友推薦　□網站推薦　□部落格　□其他＿＿＿＿＿

您對本書的評價：（請填代號　1.非常滿意　2.滿意　3.尚可　4.再改進）

　　封面設計＿＿＿　版面編排＿＿＿　內容＿＿＿　文／譯筆＿＿＿　價格＿＿＿

讀完書後您覺得：

　　□很有收穫　□有收穫　□收穫不多　□沒收穫

對我們的建議：＿＿＿＿＿＿＿＿＿＿＿＿＿＿＿＿＿＿＿＿＿＿

＿＿＿＿＿＿＿＿＿＿＿＿＿＿＿＿＿＿＿＿＿＿＿＿＿＿＿＿＿＿

＿＿＿＿＿＿＿＿＿＿＿＿＿＿＿＿＿＿＿＿＿＿＿＿＿＿＿＿＿＿

＿＿＿＿＿＿＿＿＿＿＿＿＿＿＿＿＿＿＿＿＿＿＿＿＿＿＿＿＿＿

11466
台北市內湖區瑞光路 76 巷 65 號 1 樓

秀威資訊科技股份有限公司　　　收

BOD 數位出版事業部

....

（請沿線對折寄回，謝謝！）

姓　　名：＿＿＿＿＿＿＿＿＿　年齡：＿＿＿＿　性別：□女　□男

郵遞區號：□□□□□

地　　址：＿＿＿＿＿＿＿＿＿＿＿＿＿＿＿＿＿＿＿＿＿＿＿＿＿

聯絡電話：(日)＿＿＿＿＿＿＿＿＿＿＿(夜)＿＿＿＿＿＿＿＿＿＿＿

E-mail：＿＿＿＿＿＿＿＿＿＿＿＿＿＿＿＿＿＿＿＿＿＿＿＿＿